KB235344

나를 위대하게 바꾸는
72시간

나를 위대하게 바꾸는
72시간

정명원 · 신성호 지음

토트

오늘 결심했다면 지금 시작하라.

어제 결심하고 아직 시작하지 않았다면 지금 시작하라.

그제 결심하고 아직 시작하지 않았다면 지금 시작하라.

결심한 지 72시간이 지났는데 아직 시작하지 않았다면 다시 결심하라.

이 책의 공저자인 정명원 대표와 신성호 IP는 대한민국 보험업계를 한 단계 업그레이드하는 데 일조하신 분들입니다. 이 책을 통해 독자 여러분은 다음 단계로 성장, 발전하는 명확한 방향과 노하우를 발견하게 될 것이라고 믿습니다.

— 손병옥 (한국 푸르덴셜생명 회장, 세계여성이사협회 한국공동대표)

저는 육일약국을 경영할 때 약국에 찾아오는 손님 한 분 한 분이 오늘 나를 통해 만족했을까, 다음에 다시 올까, 다음에 다른 사람까지 데려올까 등 세 가지를 생각하며 하루하루 최선을 다했습니다. 신성호 회장은 금융 현장에서 같은 원리를 실천하여 성공의 길을 가고 있는 분입니다. 이 책을 통하여 여러분도 그가 경험한 생생한 성공의 원리를 배울 수 있기를 바랍니다.

— 김성오(메가넥스트 부회장, 『육일약국 갑시다』 저자)

누구나 성공을 원하지만 소수만이 성공을 이룹니다. 성공으로 가는 길을 모르기 때문이죠. 정명원 대표와 신성호 회장, 이 두 저자의 순수한 동기와 풍부한 경험을 통해 검증된 성공의 패턴은 독자들에게 성공으로 가는 길을 명확하게 제시할 것이라고 확신합니다.

– 김승억(전 교보생명 부사장)

"꿈은 있지만 철저한 계획과 행동하려는 의지가 없다면 그것은 그저 좋은 지도를 갖고 있는 것에 불과하다."

이 책은 여러분을 수동적인 상상력에서 견인하여 계획적인 실행에 이르게 합니다. 당신이 신참이건 베테랑이건 일할 준비만 되어 있다면 정명원 대표와 신성호 회장은 당신을 다음 단계로 이끌 수 있는 경험과 지식을 갖고 있습니다. 『나를 위대하게 바꾸는 72시간 Patterns To Win』은 당신에게 성공을 습관으로 만들 수 있는 도구를 제공할 것입니다.

– 솔로몬 힉스(미국 푸르덴셜생명 챔피언 보험 컨설턴트, 「넘버원 세일즈맨의 비밀수첩」 저자)

정명원 대표와 신성호 회장이 『나를 위대하게 바꾸는 72시간 Patterns To Win』이라는 책을 발간하게 되어 매우 기쁘게 생각합니다. 이 책은 보험업계 영업 전문가들뿐만 아니라 영업을 하는 모든 분야의 전문가들에게 성공의 비결을 알려주고 있습니다. 저는 정명원 대표와 10년 넘게 친분을 쌓아오면서 그의 진실함과 실행력에 깊은 감명을 받았습니다. 그의 지식은 탄탄한 이론적인 바탕 위에 실제 경험이 축적되어 매우 실질적입니다. 이 책은 많은 독자들에게 매우 유익할 것이라고 자신 있게 말씀드립니다.

– 스티브 진(중국 보험 명예의전당 대표이사)

우리의 삶이 위대해지기를

우리의 인생이 투쟁일 필요는 없다. 하지만 도전과 목표, 책임, 사명 등을 통해 우리의 삶이 위대해져야 한다고 나는 믿고 있다. 그러기 위해서는 우리에게 이미 주어진 행복과 성공의 자격을, 우리에게 잠재된 역량을 이 책에서 제시한 성공의 패턴을 통해 발전시켜 행복과 성공 그리고 더 나아가 우리 사회와 공유할 수 있다면 우리는 이 세상에서의 우리의 역할을 어느 정도 해낸 것이리라.

생명보험 업계에 들어온 지 20여 년. 그 시간에 대해 무한히 감사한다. 그리고 생명보험이 갖고 있는 위대한 사회적 역할과 가치가 더 멀리, 더 크게 전파되길 바라고 있다. 대한민국 생명보험의 역사에서 일부분을 감당하고 그것을 계승 발전시켰다는 자부심 또한 내 마음에 자리 잡고 있으며 앞으로 더욱 기여해야 한다는 책임감 또한 마음속에 자리를 잡고 있다.

감사한 사람도 많다. 쉽지 않은 이 일을 계승 발전시켜온 선배들 그리고 어려운 가운데도 묵묵히 이 위대한 가치를 전파하고 성공의 모델을 만들어온 동료와 후배들에게 감사한다. 이들이 있었기에 다양한 경험을 할 수 있었고, 관찰할 수 있었고, 이 책의 주제인 성공의 패턴에 대해 정리할 수 있었다.

특히 이 책을 함께 집필한 신성호 한국MDRT협회 8대 협회장(이하 회장으로 부름)과의 만남은 내게 큰 축복이었다. 그는 나와 성장의 여정을 같이한 인생의 파트너다. 무엇보다 내가 그에게 감사하는 것은 그가 이 책에서 제시하는 패턴을 통해서 성공을 이루어 가고 있는 전형적인 케이스라는 점이다. 그는 내가 연구하고 실험하는 모든 교육 과정과 성공의 지도를 검증하고 증명해주는 모델이라 해도 손색이 없다.

그가 갖고 있는 자기 자신에 대한 긍정적 이미지, 성실하고 고결한 삶의 자세, 고객을 대하는 진실한 태도, 자신의 일에 대한 전문성, 사회에 대한 봉사와 생명보험 산업에의 공헌까지, 모든 면에서 그는 생명보험 업계의 후배들, 나아가 업종을 막론하고 자기 인생의 주인이 되려는 모든 사람들에게 귀감이 되기에 충분한 자격을 갖추었다고 생각한다.

평범한 은행원에서 성공의 패턴을 통해 위대한 삶의 주인이 된 신성호 회장의 사례는 업종을 막론하고 모든 사람들에게 큰 영감과 용기를 줄 것이다.

이제 나는 성공의 패턴이 더 많은 사람들에게 전파되어 더 많은 사람의 삶이 위대해지기를 꿈꾼다. 성공한 삶, 위대한 삶 그 길의 끝에서 더 많은 사람과 만나게 되기를 꿈꾼다.

모두의 성공을 기원한다.

-정명원

---

* MDRT(Million Dollar Round Table 백만달러 원탁회의) : MDRT 협회는 1927년, 미국 테네시 주의 멤피스에서 시작된 보험재정 상담사들의 모임으로, 생명보험 판매 분야에서의 명예의전당으로 여겨지고 있는 전문가 단체다. 전 세계 70개국, 4만9천여 명의 회원이 활동하고 있는데, 이들 모두 고객의 이익을 최우선으로 하는 보험재정 상담사일 뿐만 아니라 나눔의 정신을 실천하는 헌신적인 사회봉사자들이다. MDRT 협회와 그에 속한 회원 모두는 국적에 상관없이 자신이 사회로부터 받은 도움을 나눔과 봉사의 정신을 통하여 여러 가지 방법으로 사회에 환원하고 있다.

프롤로그

성공의 패턴

PART 2 계기

유지

자기혁명의 첫 단추, 72시간

150년 이상 된 생명보험 분야에서 경험과 시행착오를 거쳐 효율이 검증된 세일즈 프로세스 7단계가 있다. 그중 4단계에 해당하는 '판매권유' 단계에서 반드시 지켜야 할 원칙이 바로 고객의 행동을 유발하기 위해서는 "논리적으로 설명하고 감정에 호소하라"는 것이다. 논리적으로 설명해서 인식할 수 있는 계기를 만들고 감정의 변화를 통한 결심을 이끌어 내서 행동에 이르게 해야 한다는 이야기다.

인식 변화는 좌뇌 즉, 논리에 의한 변화이고, 결심은 우뇌 즉, 감정에 의한 변화다. 미국 생명보험 통계에 의하면 생명보험 계약의 75%가 1~2회 면담에서 이루어진다. 반면 3회 면담에서는 15%, 4회 면담에서 이루어지는 것은 10%에 불과하다. 이 통계는 결심이 행동을 이끌게 하는 명확한 메커니즘을 보여주고 있다. 즉, 감정의 변화가 3~4회 면담까지 유지되지 않는다는 것이다.

결심은 감정에 의해 영향을 받는 요소이지만 이 감정은 오래 유지되지 않는다. 결심은 감정이 유지되는 기간 안에만 행동으로 옮겨질 수 있다.

뜨겁게 결심하지만 의외로 쉽게 무너진다

개구리 다섯 마리가 둑 아래 앉아 있다. 그중 세 마리가 둑 위로 올라가기로 결심했다. 1분 뒤, 둑 아래에는 개구리 몇 마리가 남아 있을까? 답은 다섯 마리 그대로다. 세 마리 모두 결심만 했지 행동은 하지 않았으니까 말이다.

수없이 많은 강연과 교육, 세미나, 워크숍, 멘토링 프로그램, 책 등을 통해 수없이 많은 감동과 인식의 변화가 일어나고 수없이 많은 결심이 이루어진다. 그런데 왜 대다수의 사람에게 진정한 변화는 일어나지 않는 것일까? 결심을 행동으로 이끌어 진정한 변화를 견인하는 요소는 무엇이고 방해하는 요소는 무엇일까?

나는 교육담당 총책임자로서 오랜 시간 다양한 교육을 진행해 왔다. 커리어별 보험재정 상담사들도 수없이 많이 만났고, 매니저 교육도 다양하게 이루어졌다. 그때마다 대다수 사람이 감동을 받고 진심 어린 박수를 쳤다. 우리의 방식이 옳다는 데 공감하고 확신하며 인식의 변화를 경험하는 것을 목도했다. 나아가 그들 대부분 결심의 단계까지 이른 뒤 워크숍을 마치게 된다.

결심을 발표하는 자리에선 우리 모두 가슴이 벅차오르는 것을 느긴다. 그 벅차오름은 오늘 만들어 낸 강한 결심이 행동의 변화를 이끌어 우리의 성장을 이루어 낼 것이라는 기대감 때문이다.

놀랍게도 다음 워크숍에서 그들을 다시 만나면 그날의 결심이 행동으로 이어져 변화를 이끌고 성장을 이룬 사람들이 있다. 그러나 성장을 이룬 사람은 소수에 불과하다. 많아도 10%를 넘지 못한다. 대다수의 사람은 과거의 행동양식에서 크게 벗어나지 못하고 다시 그 과정을 반복하는 경향이 있다. 다시 워크숍에 참석할 때마다 자신의 게으름과 안일함을 반성하며 다시 결의에 차서 결심을 하고 이번에는 결코 실패하지 않으리라 다짐을 하며 워크숍을 마친다. 자기반성의 토대 위에 세운 결심의 탑 아래 서서 우리 모두 다시 가슴이 벅차오른다. 그리고 성장을 위한 뜨거운 결심을 하나씩 안고 각자의 자리로 돌아간다.

그리고 다시 6개월 뒤, 다음 워크숍에서 같은 일이 반복된다. 매번 뜨겁게 결심하지만 결심이 행동으로 이어지는 일은 좀체 일어나지 않는다. 당연히 변화도 일어나지 않는다. 성장은 변화를 통해 이루어진다. 인식의 변화가 감정과 합해져 결심하게 되며 감정이 유지되는 기간 안에 행동의 변화를 이끌게 된다.

결심은 결심 자체로서는 의미가 없다. 행동으로 옮겨지지 못한 결심은 무의미하다. 또한 다시 같은 크기의 결심에 이르기 위해서는 더 큰 감정이 필요하며, 그것은 이전보다 더 많은 노력과 시간 그리고 비용을 필요로 한다.

결심과 행동 사이, 왜 이렇게 멀까

우리는 모두 성장하고 싶다. 그런데 결심과 행동 사이를 가로막고 있는 것은 도대체 무엇일까.

결심을 변화로 견인하는 10% 미만의 사람들은 '실행력'이라는 공통점을 갖고 있다. 성장을 위해서는 결심을 실천에 옮기기 시작해야 하며, 그 수준을 일정하게 유지해야 한다. 이 실천력에 직접적인 영향을 미치는 요소는 두 가지다.

그중 하나는 인식 변화의 정도, 즉 결심의 강도다. 강한 인식의 변화를 위해서는 교육 콘텐츠, 책의 내용, 강사, 교육 진행자와 강사의 교육생들의 성장에 대한 애정, 열정, 믿음 등이 충실해야 한다. 교육 내용이 치밀하고 알차게 구성되어야 하며 그 전달방식 역시 빈틈없고 정교해야 한다. 교육 현장이 뜨겁게 달구어질수록 결심은 강해진다.

또 다른 요소는 타이밍이다. 변화된 10% 미만 사람들의 공통점은 결심한 내용을 72시간 내에 행동으로 옮겼다는 사실이다. 결심한 내용을 72시간 이후에 행동으로 옮긴 사람도 간혹 있지만 아주 예외적이고 드문 경우이며, 이 경우도 그 변화된 행동이 오래 지속되지 못한다.

이 원리를 발견한 후 나는 워크숍을 가능한 한 금요일에 끝내지 않는다. 그날 아무리 단단히 결심을 했더라도 주말 동안 실천되지 않을 확률이 매우 높으며 월요일 이후에는 결심을 가능케 했던 감정이 유지될 수 없기 때문에 실천 가능성이 기하급수적으로 낮아진다. 결심을 이끌어 내기 위해 쏟아 부은 모든 노력이 허사가 되고 마는 것이다.

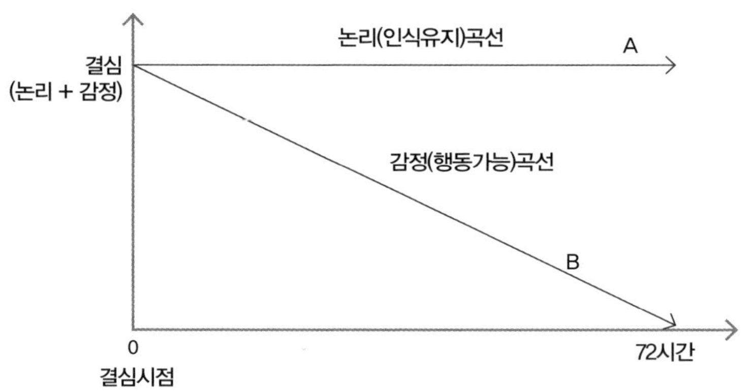

72시간의 법칙

워크숍을 마칠 무렵, 나는 마지막으로 "72시간"이라는 키워드가 담긴 슬라이드를 띄운다. 지금 이 순간 당신의 가슴을 뜨겁게 만드는 바로 그 결심을 72시간 안에 행동을 옮기라는 뜻이다.

인간은 일을 뒤로 미루려는 본능이 있으며 이 본능을 효율적으로 다루기 위해서는 결심을 가능케 했던 감정이 유지되는 72시간 내에 행동으로 옮겨야 한다. 또한 성공에 영향을 미치는 핵심적인 일들의 우선순위를 정하여 72시간 내에 행동으로 옮겨야 한다. 이 72시간 내 행동의 법칙을 실행하지 못하면 달라지는 것은 아무것도 없다.

시작이 없으면 아무것도 없다

우리는 언제든지 성공의 기회를 만들 수 있다. 언제든지 결심하고 행동으로 옮기게 되면 그 순간부터 성공이 시작된다. 하지만 "나중에 하지, 뭐!"라는 악마의 속삭임은 항상 우리를 유혹하며 우리를 괴롭힌다.

게다가 감동과 결심이 반복되다 보면 실천 없이도 자신이 성장하고 있다고 착각하게 된다. 이것은 매우 위험한 일이다. 발전하지 못하고 있을뿐더러 성장하고 있다는 안일한 만족감 속에서 오히려 퇴보할 가능성이 커지기 때문이다.

진정으로 변화를 갈망하고 변화를 만들고, 성공에 이르는 사람들은 시작의 중요성을 잘 아는 사람들이다. 그들은 3일 안에 시작하고, 3개월을 유지하며, 3년을 강화한다. 그러면 30년은 저절로 유지되며 삶을 위대하게 완성하게 된다.

결심을 행동으로 옮기기 위한 골든타임, 72시간. 이 절대시간을 수호하는 실행력이야말로 인생을 성공적으로 살아가기 위한 실질적이고 효율적인 능력에 해당되며 이 능력을 강화시켜 내는 승부욕이야말로 성공의 초석이라고 할 수 있다. 시작은 행동이며 행동은 감정의 소산이다. 감정이 사그라지기 전, 바로 행동해야 한다. 시작이 없으면 아무것도 없다.

3일을 3년, 30년으로 증폭시키는 법

성공은 정해진 패턴에 따라 스스로 합성해 내는 에너지 같은 것이다. 반복적인 훈련과 지속적 실행이 수반되어야 한다. 많은 사람들이 어느 날 갑자기 주어지는 복권당첨 같은 성공을 꿈꾸지만 성공은 꿈이나 의지만으로 이룰 수 있는 것이 아니다.

하지만 그 시작은 모든 사람에게 공평하다. 운명처럼 어떤 계기를 만나고, 마음이 움직여 결심을 하게 되며, 이것을 행동으로 옮겨 습관으로 만들면 성공은 저절로 완성되고 유지된다. 이것이 바로 성공의 패턴이다.

1단계 | 계기 : 자신에 대한 믿음을 바탕으로 성공의 기회를 만난다

2단계 | 결심 : 인식의 변화를 통해 마음이 움직여 선택한다

3단계 | 실행 : 결심을 행동으로 옮겨 습관화한다

4단계 | 유지 : 제2의 본능으로 승화해 지속적인 성공을 유지한다

지금 이 순간에도 수많은 사람이 수많은 기회를 만나고 수많은 결심들을 한다. 기회가 주어졌을 때 마음의 문을 조금만 열면, 그 사

이로 작은 믿음이 스며들어 큰 결심에 이르게 되고, 그것이 다시 실행으로 이어지면 자기혁명을 이루게 된다. 실제로 자신의 삶을 돌아보면 당신에게도 여러 번의 기회가 있었다는 것을 깨닫게 될 것이다. 그날 그 자리에 갔다면, 그날 그 사람을 만났다면, 그날 그의 얘기를 들었다면 당신의 삶은 어떻게 달라졌을까. 그 찰나의 순간, 그 짧은 시간 동안 당신은 얼마든지 당신의 삶을 위대하게 바꿀 기회를 가질 수 있었다.

하지만 자신에게 주어진 기회를 진정한 자기혁명의 계기로 만들 수 있는 사람은 그리 많지 않다. 기회를 만나고 결심을 하지만 실행 단계까지 도달하는 사람은 드물다. 이렇게 인식에서 행동으로 진행되지 못하면 달라지는 것은 없다. 행동 없이는 성공도 없는 것이다.

그렇다고 해서 성공이 탁월한 의지의 소유자들에게만 주어지는 신의 선물은 아니다. 승부욕을 갖고 끊임없이 반복해야 변화를 경험할 수 있는 것은 분명하지만 그 과정은 학습을 통해 익히고 훈련을 통해 단련되어 가는 것이다. 그것을 가능케 하는 것이 바로 성공의 패턴이다.

72시간의 법칙을 완성하는 성공의 패턴

성공하는 사람들은 성공의 패턴을 따르고 있고 실패하는 사람들은 실패의 패턴을 갖고 있다. 그가 언제 어디서 무엇을 하건 크게 달라지지 않는다. 분야를 막론하고 성공한 사람들에게서 공통적으로 발견되는 요소와 경로, 그것이 바로 성공의 패턴인 것이다. 실제로, 성공하는 사람들은 그들이 어떤 분야에 몸담고 있건 상관없이 비슷한 행보를 통해 성공에 이르고 있다.

20여 년간 영업 및 교육, 경영활동을 해오며 관찰, 연구한 결과, 성공의 패턴은 '계기-결심-실행-유지'의 경로를 통해 72시간의 법칙을 완성한다. 여기에는 반드시 지켜야 할 순서와 단계별 과제가 있다. 이 패턴의 밖에 있는 사람은 일시적인 성취를 이룬 것처럼 보일지라도 그것을 장기적이고 지속 가능한 성공으로 이어가기 어렵다. 성공은 도달하는 것보다 유지하는 것이 어렵기 때문이다.

우리는 이미 많은 일에서 작은 성공들을 경험했다. 또한 이 과정에서 성공의 패턴인 '계기-결심-실행-유지'의 원리를 사용해 왔다. 이제 그 원리를 응집하고 극대화하여 우리의 삶 전체를 성공으로 이끌 단계다.

누구나 성공하고 싶어 한다. 하지만 모두가 그렇게 되지는 않는다. 세상 그 무엇도 저절로 주어지지 않는다는 것을 우리 모두는 충분히 알고 있다. 하물며 세상이 인정하는 '성공'은 두말할 것도 없을 것이다. 하지만 애초에 성공할 수 있는 사람과 그렇지 않은 사람이 나뉘어 있는 것은 아니다. 성공은 타고난 운명이 아니라 그 방법을 아느냐 모르느냐에 따라 달라지는 선택의 문제이기 때문이다.

진정으로 성공한 삶을 살기로, 자신의 인생을 위대하게 바꾸기로 결심했다면 72시간 안에 그 결심을 행동으로 옮겨야 한다. 성공의 패턴을 알고 따르면 그 선택은 오래지 않아 현실이 될 것이다. 성공하는 사람들의 공통된 패턴을 이해하고, 믿고, 올바른 방식으로 훈련한다면 누구나 성공할 수 있기 때문이다.

성공의 패턴

준비에 실패하는 것은
실패를 준비하는 것이나 다름없다.

– 벤자민 프랭클린

성공도 학습이 가능하다

우리 모두의 탄생에는 특별한 목적이 있다. 또한 그 목적을 위한 특별한 재능이 부여되었으며 그 재능의 계발에 따라 성공과 행복을 누릴 수 있는 자격과 가능성을 갖고 있다. 우리에게는 반드시 자신을 특별하게 만드는 그 무엇인가가 있다. 잠재적 역량이 실제 역량으로 계발되고 그것이 인생의 목적과 부합될 때 우리는 성공했다고 말할 수 있다. 성공의 패턴에 대해 얘기하기 전에 성공이란 무엇이며 어떤 특징을 갖고 있는지부터 짚고 넘어가자.

성공하는 사람은 무엇이 다른가

나는 20년 넘게 영업 및 교육, 경영활동을 해오며 다양한 사람들을 만나고 관찰할 기회를 갖게 되었다. 특히 생명보험 분야에서 5,000명 이상의 직원 교육과 훈련 과정을 통해, 그리고 사람을 채용하고 육성하는 일을 하며 사람이 어떻게 성장해 가는지, 어떻게 성공하는지 확인할 수 있었다. 이 경험들은 나에게 성공하는 사람들에게 공통적으로 적용되는 성공의 원리를 깨닫는 축적의 과정이었으며 나 역시 함께 성장하는 축복의 시간이었다.

나의 중요한 역할 중 하나는 이들이 갖고 있는 자신의 잠재적 역량을 최대한 크게 발휘할 수 있게 도와줌으로써 행복하고 성공적인 삶을 살아갈 수 있도록 돕는 것이었다. 하지만 모두가 성공하는 것은 아니었다. 열정적으로 시작했으나 오래지 않아 지쳐서 떠나는 사람도 있었고, 한동안 잘 해나가다 어느 순간 슬럼프에 빠지거나 절망해서 길을 잃어버리는 사람도 있었다. 안타깝지만 내가 그들을 돕는 데는 한계가 있었다.

그래서 나는 그들을 관찰하기 시작했다. 행복과 성공을 찾아 지치지 않고 매진하는 사람들은 어떤 공통점을 갖고 있는지, 그들의 성공은 학습될 수 있는지 궁금했다. 더 많은 사람이 자기 일에서 성공하여 승리의 왕관을 쓰게 하는 것이 나의 사명이라고 생각했기 때문이다.

나의 질문은 세 가지로 압축된다.

1. 성공이란 무엇인가?
2. 성공하는 사람들은 어떤 공통점을 갖고 있는가?

3. 성공은 학습될 수 있는가?

나의 관찰은 집중적이고도 지속적으로 이어졌다. 생명보험과 재정서비스 사업에 입문한 이후 그들의 성공과 실패를 구성하는 핵심 요소뿐만 아니라 다른 업계에서 커리어를 시작한 이후 줄곧 그들이 겪어온 과거의 성공과 실패의 과정들을 폭넓게 관찰하고 분석했다.

성공한 사람들의 공통된 패턴

그 결과, 나는 성공하는 사람들이 공통적으로 갖고 있는 요소들과 성공의 경로, 즉 성공에는 일정한 패턴이 있다는 것을 발견하게 되었다. 또한 그들이 과거에 몸담았던 분야에서의 성공과 실패가 생명보험 업계에 입문한 뒤 그들이 겪은 성공과 실패의 패턴과 상관관계를 갖고 있다는 것도 깨닫게 되었다. 즉, 내가 발견한 성공의 패턴은 분야를 막론하고 공통적으로 적용될 수 있다는 것이다.

어떤 사람들은 아이템 선정이나 트렌드 분석에 성패가 달려 있다고 말한다. 하지만 성패를 결정짓는 것은 빠르게 시대를 읽는 순발력도 아니고, 동물적 직관이나 운은 더욱더 아니다. 성공하는 사람들은 성공의 패턴을 따르고 있고 실패하는 사람들은 실패의 패턴을 갖고 있다. 그가 언제 어디서 무엇을 하건 크게 달라지지 않는다. 나아가 성공의 패턴을 익히고 실천하는 것은 성공을 향한 가장 빠른 길이라는 데 의심의 여지가 없다.

이처럼 성공도 학습이 가능하다는 놀라운 발견은 교육 현장에서 만나는 모든 사람들에게 성공의 가능성을 부여하고 성공의 계기를 제공할 수 있다는 점에서 가히 혁명적이라 해도 과언이 아니다.

성공 레시피, 직접 만들거나 따르거나

관찰 결과, 나는 성공하는 사람들은 크게 두 개의 범주에 속한다는 사실을 알게 되었다. 첫 번째는 성공의 프로세스를 만들어 내는 사람들이다. 이들은 자기 분야에 특별한 재능을 가지고 있어서 자기 나름대로 성공의 방식을 창조해 내고 그것을 실행하는 사람들이다. 요리로 비유하자면 '레시피'를 만들어 내는 요리연구가들이다.

두 번째 부류는 이미 만들어진 성공의 방식을 믿고 따라하는 사람들이다. 즉, 이미 만들어진, 맛이 검증된 음식의 '레시피'를 그대로 믿고 사용해서 요리하는 요리사다. 이것이 평범한 사람을 특별하게 변화시키는 성공의 패턴이다.

정리하자면, 우리는 성공을 위해 두 가지 방식 중 하나를 선택해야 한다. 첫 번째 방식은 시행착오를 거쳐 스스로 성공의 패턴을 만들어야 한다. 그것이 아니라면 두 번째 방식, 이미 검증된 성공의 패턴, 즉 '계기-결심-실행-유지'의 과정을 믿고 따라야 원하는 바를 성취할 수 있다.

당신에게 성공이란 무 엇 인 가

성공이란 무엇일까. 성공한 삶이란 각자의 가치관과 환경, 문화, 전통 등에 따라 다를 수 있다. 실질적으로 성공은 선택한 분야에서 개인의 능력을 요구하기도 하며 그 척도 또한 서로 다르다.

사전은 성공을 "목적한 바를 이루거나 사회적 지위를 얻는 것"이라고 정의하고 있다. 즉, 무엇을 이루면 자신이 성공했다고 여기게 될지, 자신을 행복하게 하는 요소는 무엇인지 그리고 무엇을 해야 할지를 스스로 결정해야 한다. 자신의 목적한 바가 무엇인지 스스로 확인하는 것이 제1단계인 것이다.

성공을 원하지만 신념은 없는 사람들

나는 업무를 통해 나와 관련이 있는 사람들에게 성공에 관한 세 가지 질문을 했다. 그리고 사람들이 갖고 있는 성공에 대한 신념이 생각보다 작다는 데 크게 놀랐다.

질문 1. 당신은 성공을 원하는가?

질문 2. 당신은 성공을 이루었는가?

질문 3. 앞으로 시간이 지나면 성공을 이루어 낼 수 있는가?

세 가지 질문에 대한 그들의 대답은 다음과 같았다.

질문 1. 당신은 성공을 원하는가?

대답 1. 원한다. (거의 모두)

질문 2. 당신은 성공을 이루었는가?

대답 2. 그렇지 않다. (대다수)

질문 3. 앞으로 시간이 지나면 성공을 이루어 낼 수 있는가?

대답 3. 잘 모르겠다. (대다수) / 이루어 낼 수 있다. (소수)

거의 모든 사람이 성공을 원하지만 대다수가 아직 성공을 이루지 못했고, 앞으로 성공을 이루어 낼 수 있다는 신념을 가진 사람은 소수에 불과했다. 결국 대다수의 사람은 자신이 이루어 내지 못할 것이라고 생각하는 것을 꿈꾸고 있다는 얘기가 된다. 그 이유는 무엇일까? 왜 우리는 성공을 원하지만 스스로 이루어 내지 못할 것이라고 생각하는 것일까.

나는 다시 그들에게 물었다. 성공이란 무엇일까. 당신이 생애 전체를 통해 목적하는 바는 무엇인가. 여기에는 여러 가지 대답이 나왔다. 나는 그들을 대답을 취합해 공통점을 도출했다.

대답은 다음과 같다.

질문 4. 당신은 성공이 무엇이라고 생각하는가?
대답 4. 삶을 의미 있게 살고 싶다.

의미 있는 삶을 살다 가는 생애야말로 성공한 삶이라는 대답이다. 이것은 삶의 목적에 해당되며, 이 목적의식이야말로 에너지와 열정의 진원지다. 목적이 분명해야 우리는 혼신의 노력을 경주하게 되며, 거기에서 순수한 기쁨을 누리게 된다.

우리의 미래는 우리가 통제할 수 없는 경제적 조건이나 외부의 영향 혹은 환경에 달려 있는 것이 아니라 우리의 목적의식에 달려 있다.

'의미 있는 삶'으로 표현되는 목적의식은 내가 아닌 타인에게 어떤 형태로든 도움을 줄 수 있는 삶을 의미한다. 이것은 성숙의 마지막 단계이며 때로는 전 인격적 삶을 의미하기도 한다.

의미 있는 삶을 만드는 것들

대부분 의미 있는 삶을 살고 싶다고 대답했지만 그 내용을 질문하면 대부분 의미 있는 삶이라는 추상적 대답 외에 구체적인 내용에 대해서는 정확히 설명하지 못하는 사람이 대다수였다.

의미 있는 삶을 살기 위한 성공의 요소에는 어떤 것들이 있을까. 이 질문에 대한 대답은 참으로 다양했다. 더러는 같은 용어로 정의될지라도 개인의 경험과 가치관에 따라 모두 다른 의미를 내포하고 있었다. 나는 그들의 모든 욕구를 취합해 분류하는 작업을 했다. 그들의 대답은 대부분 세 가지 범주에 속해 있었다.

- 갖고 싶은 무엇을 갖는 것 : 집, 자동차, 콘도 및 골프장 회원권, 기업, 최신 A/V 시스템, 악기 등
- 되고 싶은 무엇이 되는 것 : 임원, 사장, 파일럿, 운동선수, 조직의 장, 목회자, 예술가, MDRT, 정치가 등
- 하고 싶은 무엇을 하는 것 : 봉사활동, 여행, 음악회 참석, 파티, 악기 연주, 운동, 기부활동 등

즉, 무언가 갖고 싶고, 무언가 되고 싶고, 무언가 하고 싶다는 욕구로 나누어졌다. 여기에는 예외가 없었다.

나는 시한부 인생을 사는 사람들의 소원을 이루어주는 '메이크어위시(Make-A-Wish)' 기관에서 봉사활동을 할 기회가 있었다. 그들의

소원을 이루어주기 위해 가장 먼저 하는 일은 그들의 소원 목록을 받는 일이다. 생의 마지막 순간 적어내린 위시리스트인 만큼 하나하나 절실한 것들이었다.

각자의 삶이 다른 만큼 삶의 마지막 순간에 소원하는 것도 매우 다양했다. 하지만 그들이 얼마 남지 않은 인생에서 이루고 싶은 위시리스트 역시 이 세 가지 범주에 속하는 것들이었다. 남은 내 삶을 의미 있게 마무리하고 싶으니 그것을 도와달라는 간절한 기도, 바로 그것인 것이다.

나는 오랫동안 채용과 교육, 훈련 업무에 종사해 왔는데, 이때도 비슷한 경험을 했다. 신규 입사자들을 대상으로 한 교육에서 마지막 시간에는 항상 성공을 위해 달성하고자 하는 단기, 중기, 장기의 목표를 적게 한다. 그런데 여기서도 어김없이 같은 결과가 나왔다. 살아온 환경이나 스스로의 역량에 대한 평가에 의해 크고 작고, 많고 적은 차이는 있지만 보편적으로 세 가지 범주에 속했다.

행복을 위해 필요한 여섯 가지 요소

세 가지 범주의 성공 요소를 대상별로 다시 나누어보면 크게 여섯 가지로 구성되어 있다. 가정, 재정, 건강, 직업, 관계, 신앙 등이다. 일반적으로 이 여섯 가지의 욕구가 균형을 이룰 때 사람들은 스스로 성공에 도달했다고 느끼고 행복해 한다는 것이다. 달리 말하면 이 요소들은 우리의 기분 좋은 감정 상태를 위해 필요한 것들이라고 할 수 있다.

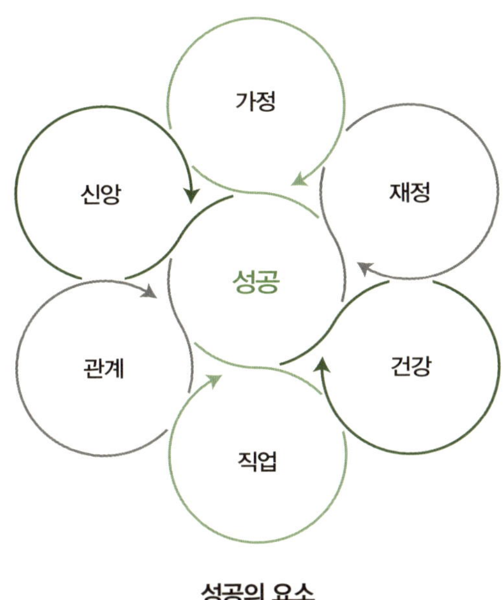

성공의 요소

가정 : 가정은 우리 삶에 있어 가장 중요한 기본 구성요소다. 가장 친밀한 애정으로 맺어진 관계이며, 누구에게나 소중한 구성체다. 가정에서의 상호 존중과 배려, 애정의 균형 즉 관계의 돈독성이 중요한 성공의 요소라는 것은 거의 모든 사람의 공통된 의견이다.

재정 : 경제적 결핍은 우리를 불편하게 하며 이 불편은 행복을 저해한다. 적정 수준 이상의 재정적 안정은 성공의 필수 요소라고 할 수 있다.

건강 : 건강은 크게 육체적 건강과 정신적 건강으로 나뉜다. 육체적으로 건강하지 못하다는 것은 고통을 의미한다. 또한 정신적 고통은 육체를 약하게 하며 사회 및 인간관계에도 큰 영향을 미치게 된다. 육체적, 정신적 건강은 행복과 성공의 기본 요소다.

직업 : 직업이란 행복과 성공의 요소들을 이루어 내기 위한 수단이자 삶의 목적이 될 수 있다. 우리가 추구하는 행복의 요소들은 기본적으로 직업이라는 토대를 통해 이루어 나갈 수 있는 것들이다. 그렇기 때문에 행복, 성공이라는 일반적 논의에는 직업이라는 요소가 깊게 개입된다.

관계 : 인간은 사회적 동물이다. 인간은 사회적 관계를 통하여 자신을 증명하며 인정받고 만족감을 얻는다. 사회적 관계 즉, 사회에의 공헌, 봉사, 취미생활 등과 사회로부터의 인정은 만족감과 행복을 주는 요소이며 성공의 척도가 된다.

신앙 : 신앙은 인간에게 스스로 삶의 방향을 정하고 그 방향에 따라 행동하고 그 믿음과 행동을 통해 자기 능력의 한계를 극복해 낼 수 있는 힘을 갖게 한다. 이 믿음은 개인에게 큰 힘이 될 수 있으며 성공과 행복의 중요한 요소가 된다.

성공은 목적을 이루어가는 과정에 주어지는 보상

성공이란 삶의 의미를 주는 목적의식을 기반으로 스스로 목표를 정하고 그에 따라 계획된 행동을 통하여 이루어 내는 과정 혹은 결과 혹은 유지되고 있는 상태를 가리킨다.

1. 인생의 목적의식을 기반으로 목표로 한 것, 즉 되고 싶은 무엇, 하고 싶은 무엇, 갖고 싶은 무엇을
2. 계획된 행동을 통하여
3. 이루어 내는 과정 혹은 결과, 그리고 유지되고 있는 상태

여기서 중요한 것은 성공이 인생의 목적의식에 바탕을 두고 있다는 것이다. 목적의식은 사람의 의지를 굳건하게 하고 사람을 움직이게 하는 동력이다. 결과적으로 목적의식이 분명한 사람이 믿음을 갖고 행동하는 과정에서 보상으로 주어지는 것이 성공이라고 할 수 있다.

＊ Make-A-Wish : 생명의 위협이 되는 난치병으로 투병 중인 만 3세에서 18세까지 환자들에게 소원이 이루어지는 과정을 통해 병을 이겨낼 희망과 용기 그리고 기쁨을 선사할 목적으로 1980년 미국에서 설립된 소원 성취 기관

성공에 대한 오해
또 는   오 류

성공은 세 가지 특징을 갖고 있다. 첫째, 누구나 원한다. 둘째, 소수만이 성공한다. 셋째, 성공에 대한 자신의 평가와 타인의 평가가 다를 수 있다는 것이다.

성공에 대한 평가가 사람마다 다른 것은 사람마다 가치관이 다르기 때문이다. 또한 모두가 성공을 원하지만 소수만이 선택되는 것은 성공의 시스템에 대한 이해가 서로 다르기 때문이다. 성공의 패턴을 이해하지 못해서 에너지를 낭비하든가 이해했음에도 불구하고 그 패턴을 지속적으로 반복해 내게 하는 시스템에 대한 이해가 충분하지 않거나 동기부여가 없기 때문이다.

그래서 성공을 위해서는 먼저 성공의 패턴에 대해 정확히 이해하는 과정이 필요하다. 그리고 그것을 믿고 반복해 내기 위한 동기부여가 필요하다.

노력에 비해 큰 성과를 얻는 사람들

가끔은 노력에 비해 큰 성과를 얻는 사람들이 있다. 이런 성공은 '어설픈 성공'이라고 할 수 있다. 노력보다 많은 성과가 주어졌다는 것은 잠재적 리스크가 존재한다는 것을 의미하기 때문이다. 리스크에는 재무, 건강, 윤리, 성실, 관계 등 여러 가지가 포함되어 있다. 충분한 노력 없이 성공을 거뒀다는 것은 성공의 과정에서 이런 가치들이 무시되거나 경시되었을 가능성이 높기 때문이다.

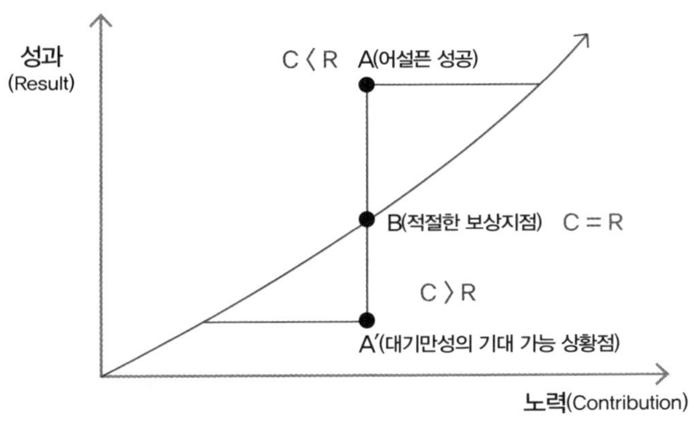

성공의 CR곡선

그래프에 표시된 A처럼 노력과 시간이 합쳐진 공헌의 양보다 보상이 더 많은 경우가 있다. 이런 성공은 미리 대출받은, 빚 같은 성공이라고 할 수 있다. 그러니 반드시 그 대가를 치르게 되어 있다. 실제로 많은 사람들이 미리 앞당겨 쓴 성공의 빚을 갚지 못하고 스러졌다. 한때 성공한 것처럼 보였으나 소리 소문 없이 우리의 기억 속에서 사라져간 사람들, 또는 한때 세상을 떠들썩하게 하는 이론이나 연구 결과로 주목을 받았으나 오래 가지 못하고 바닥을 드러낸 사람들이 이런 경우에 해당된다고 할 수 있다.

어느 해 봄, MDRT의 6배 실적을 달성한 TOT를 수년간 하고 있는 분을 만나 대화를 나눈 적이 있다. 나는 그분이 오랜 기간 어떤 경험을 쌓아 왔는지 궁금했다. 어떻게 영업을 하는지, 고객들은 어떤 분들인지, 고객 수는 얼마나 되는지 등을 질문했다. 놀랍게도 그분은 전체 고객이 200명 안팎이라고 했다. 기본적으로 TOT가 되기 위해서는 고객의 숫자와 고객들의 소득, 직업, 상품의 구성 등에서 균형이 갖추어져야 한다.

단편적으로 얘기하자면, TOT의 고객 수는 평균 600명 이상 되는 것이 보통이다. 그런데 그분이 이런 전제조건이 충족되지 않은 상태에서 TOT를 수년간 유지해 왔다는 것은 분명 잠재된 리스크가 있을 것이라는 느낌이 들었다. 재무, 윤리, 성실, 관계, 프로세스 등 필수적으로 갖추어져야 할 요소들이 무시되고 있을 것이라는 불안감 때문이었다. 아니나 다를까, 몇 년 후 그의 성공신화는 끝을 맺었다. 진실이 결여된 '어설픈 성공'으로 세상을 속일 수는 없는 노릇이다.

준비되지 않은 성공의 함정

성공을 얻기 위해서는 진실한 노력의 대가를 치러야 한다. 이것은 동서고금을 막론하고 변치 않는 진리다. 많은 사람들이 이 같은 진리를 알고 있거나 믿는다고 말하지만 실제로는 그렇지 않은 경우가 더 많은 것 같다. 조금이라도 더 쉽게, 더 빨리 성공할 수 있는 방법이 없나 기웃거리는 사람이 도처에 널렸다.

인간은 대부분 노력보다 큰 성과를 추구한다. 우리가 가장 빠지기 쉬운 유혹이다. 하지만 노력에 비해 쉽고 빠르게 성공을 거머쥔 사람들은 그것을 감당할 만한 준비를 할 시간이 없다. 그리고 그것은 반드시 누수현상을 초래한다. 어설픈 성공, 순간적인 성공, 감당할 수 없는 성공일수록 함정이 많다는 것을 기억해야 한다.

어느 날 COT 자격을 갖추고 있는 여성 한 분이 사무실로 찾아왔다. 성실하고 가족에 대한 책임감도 큰 분이었다. 그분은 어떻게 하면 TOT를 할 수 있는지 그 방법을 알려달라고 했다. 나는 현재 활동량과 고객 수, 고객의 평균 연봉 등을 질문했고, 결론적으로 현재 상황에서는 COT를 하는 것이 적정수준의 목표라고 조언해 주었다. 그리고 이 패턴은 좋은 경로이며 현재의 활동량, 고객 수, 고객의 범주 등을 종합했을 때 앞으로 5년 후가 되면 TOT가 될 수 있을 것이라고 격려했다. 그분은 활짝 웃어 보였다. 현재의 패턴이 성공을 향해 가는 정도(正道)라는 확신이 서니 안심이 된다며 돌아갔다. 그분은 현재 열심히 활동 중이다. 2, 3년쯤 뒤 분명 TOT를 하고 있을 것이다.

그때 내가 그분에게 TOT가 되는 법을 코치했다면 어떻게 되었을까. 그분은 분명 리스크를 무릅쓰고 무리하게 영업을 확대했을 것이고, 결국 자신을 괴롭히다 약속된 것이나 다름없는 성공의 길에서 벗어났을 가능성이 높다. 리스크는 에이전트의 롱런을 위협하는 가장 큰 적이다. 나는 성실하게 COT에 이른 그분을 보호하고 싶었던 것이다.

성공이란 결과인 동시에 유지되고 있는 상태를 가리킨다. 유지될 수 없는 성공은 언제나 위태롭고 성공을 이루지 못한 단계보다 우리의 삶을 크게 위협한다. 어설픈 성공 뒤에 찾아오는 실패와 좌절은 이루지 못해서 아쉽고 애가 타는 것에는 비교할 수 없이 고통스럽다.

물론 예외적인 사례도 있다. 그들은 아주 쉽게 성공을 거두고 오랫동안 그것을 누린다. 그리고 세상은 그들의 편에 서 있는 것처럼 강력한 방어막을 쳐준다. 하지만 이런 사례들이 일반화될 수는 없다. 그것이 아무리 매혹적이라 해도 우리는 회의하고 또 회의하며 진실을 탐색해야 한다.

나는 대기만성일까, 재능이 없는 걸까?

노력보다 성과가 늦게 나올 때 흔히 '대기만성'이라는 표현을 쓴다. 사실일 수 있다. 그렇지만 오랜 노력과 기다림이 이어진 뒤에도 그 믿음이 영영 현실화되지 않는 경우도 많다. 나는 교육 현장에서 이런 사례를 수도 없이 경험했다. 원인은 무엇일까. 나는 그 원인에 대해 심도 있게 추적했다. 그 결과, 성과가 노력보다 적게 나오는 원인 세 가지를 발견했다.

첫 번째는 말 그대로 대기만성 형이다. 이들은 성공을 위한 계획된 노력에 비해 순간적 성과가 적게 나온다. 즉, 일정 기간별 최소한의 기준 성과가 있는 경우다. 하지만 이들은 초기 실적에 실망하는 대신에 더욱 열심히 배운 대로 활동하며, 노력이 축적됨에 따라 성과도 지속적으로 개선되는 추세를 보인다. 실제로 채용과 교육 현장에서 만난 사람의 약 2~3% 정도가 이런 유형에 해당된다.

내가 스카우트한 사람 중 입사 초기 3개월 동안의 성과를 동기 중에 끝에서 두 번째로 마감한 에이전트가 있었다. 대부분 초기 3개월의 성과가 에이전트의 전 생애를 결정하기 때문에 그 지점장과 SM(Sales Manager)은 그 에이전트의 장래에 대해 걱정이 깊었다. 그러나 그 이후 그는 교육 프로그램을 철저히 따랐으며 훈련을 게을리한 적이 한 번도 없었다. 결국 그는 한국MDRT협회 회장을 역임했고 한국 보험산업에 큰 공헌을 하는 인물로 성장했다. 물론 이런 사례는 매우 예외적인 경우에 해당한다.

두 번째는 재능이 없는 일을 선택한 경우다. 미국의 철학자이며 시인인 에머슨은 "모든 사람에게는 천직이 있다. 천직을 갖는 데 가장 중요한 것은 재능이고 재능은 곧 사명이다"라고 말했다.

재능이 없는 일을 선택하게 되면 결국 시간의 소비와 재능 있는 다른 분야에서의 성과를 낼 수 있는 기회를 잃어버리게 되므로 인생을 낭비할 수 있다. 재능과 맞는 일의 선택은 매우 중요하다. 자신의 재능과 맞는 일을 선택하는 것은 인생의 방향을 결정하는 것과 같다. 방향은 속도보다 중요하다. 여기에는 신중하고도 많은 노력이 필요하다. 방향이 잘못되면 속도가 아무리 빨라도 소용없는 일이고, 심지어 속도가 빠를수록 도달하고자 하는 목표지점과 멀어질 가능성이 높아진다.

방향이 틀리지 않았다면 그 뒤에는 속도가 필요하다. 재능이란 궁극적으로 어떤 일에 있어서 효율 즉, 속도를 의미하기 때문이다.

누구나 마라톤을 완주할 수는 있다. 꾸준히 페이스를 유지해 제일 먼저 결승점에 도달하는 사람도 있고, 초반에 스피드를 내서 두각을 보이다가도 뒤로 갈수록 페이스를 잃고 겨우겨우 결승점에 도달하는 사람이 있는가 하면 초반에는 존재감이 없다가도 막판에 피치를 올려 의외의 성과를 내는 사람도 있다. 또 어떤 사람은 쉬엄쉬엄 걸어서 완주하기도 한다. 그렇지만 다른 사람들보다 상대적으로 빠른 시간 내에 완주한 사람만이 노력이 빛을 발하고 재능을 인정받는다. 그것은 자신감과 연결되며 자신감은 흥미와 더 큰 몰입을 가져다준다.

재능이란 올바른 방향을 정해 상대적으로 빠른 속도로 목표지점에 도달하는 것을 의미한다. 재능이 없는 일을 선택했다면 결코 노력의 보상을 받을 수 없다.

세 번째는 K, A, S, H 등 4단계 프로세스 중 어떤 부분이 부족해서 효율 즉, 성과를 낼 수 없는 경우다. 'K.A.S.H'는 생명보험의 역사를 통하여 축적된 성공의 네 가지 요소로서, 간단하게 풀이하자면 전문지식, 태도, 기술, 습관을 가리킨다.

> K(Knowledge) : 그 분야 혹은 그 분야와 관련된 전문적 지식
>
> A(Attitude) : 삶에 대한 태도 혹은 그 업무를 대하는 태도
>
> S(Skill) : 그 분야에서의 성과를 위한 기술
>
> H(Habit) : 매 순간의 결심 없이 성공에 이르는 행동을 이끌게 하
> 는 습관

다행스럽게도, 앞의 두 케이스와 달리 이 케이스는 개선의 여지가 크다. 4단계의 프로세스 중 개선이 필요한 분야를 파악해서 훈련함으로써 성과를 증진시킬 수 있다. 그러기 위해서는 보다 명확한 해석과 해법이 필요하다.

스스로 각 항목별로 100점 만점을 기준으로 주기적(보통은 3개월 단위)으로 점수를 주고 매니저의 점수와 비교하여 개선점을 찾고 거기에 맞는 훈련을 함으로써 성장을 효율적으로 이루어 낼 수 있다.

---

* COT(Court of the Table) : 생명보험에서 영예로 여기는 MDRT의 3배 이상 실적을 내야 얻을 수 있는 호칭이다.

* TOT(Top of the Table) : 보험업계에서 가장 높은 실적을 내는 이들에게 붙이는 호칭으로, MDRT의 6배 이상 실적을 내야 얻을 수 있다.

성공의 단계에는
순 서 가 있 다

같은 일을 하더라도 시간 낭비 없이, 계획적으로 해내며 높은 효율을 거두는 하는 사람이 있는가 하면, 어떤 사람은 같은 시간에 같은 일을 해도 애만 쓰고 성과는 거두지 못하기도 한다.

모든 일에는 순서가 있는 법이다. 시스템이란 프로세스 즉, 일의 우선순위를 정하는 일이라 해도 과언이 아닐 만큼 일의 순서가 중요하다. 일의 순서에 따라 효율이 완전히 달라질 수 있기 때문이다.

성공의 패턴을 만드는 순서도

같은 시간에 같은 노력을 들여 보다 효율적인 결과를 도출하기 위해서는 시스템화된 프로세스를 따르는 것이 중요하다. 이 프로세스의 핵심은 순서다. 모든 일은 유기적으로 연결되어 있어서 선행 업무가 다음 업무의 기반을 만들고, 후속업무가 먼저 이루어진 일의 마무리를 하게 되어 있다. 그 선후가 뒤바뀌면 더 많은 시간이 소요되고, 업무 피로도가 높아지며 결과에서도 크고 작은 결함이 드러나게 된다. 바로 이 순서의 중요성을 이해하는 것이 성공의 패턴을 파악하는 핵심이라 할 수 있다.

프로세스 즉, 시스템은 단계와 순서를 의미하며 노력에 대해 확률적으로 높은 효율을 전제로 한다. 성공을 향해 나아가는 길에 있어 시스템은 솔루션이다. 또한 시스템은 법칙의 지배를 받는다. 무조건 열심히 하는 것만으로는 성공할 수 없는 미래 사회에서 이 시스템을 읽어 내는 능력이야말로 성공의 토대라 할 수 있다.

성공하는 사람들은 이 성공의 프로세스가 결과에 미치는 영향을 명확히 이해하고 믿고 있다. 그들은 프로세스를 무시한 채 질주하는 것은 마치 자동차 운전을 할 때 엔진 시동 없이 기어의 변속이나 액셀러레이터를 밟는 것과 같다는 것을 본능적으로 알고 있다.

성공의 패턴에 진입하기 위한 첫 번째 과정은 성공을 자신의 것으로 만들 수 있는 기회와의 만남이다. 믿음을 갖고 자신의 것으로 만들기로 선택하는 것, 여기서 성공이 시작된다. 살아가다 보면 누구나 자신이 가고 있는 길에 대해 회의를 느끼는 순간이 있다. 바로 이때 고개를 들어 주위를 둘러보면 새로운 길을 발견하게 된다. 이때 자기 자신에 대한 믿음을 갖고 긍정적인 마인드로 새로운 길을 들여다보면 성공의 패턴에 진입하기 위한 첫 번째 단계, 바로 '계기'를 만날 수 있다.

두 번째 단계는 '결심'이다. 기회를 만났다 해도 확신을 갖지 못하거나 진실된 마음으로 선택하지 못하면 성공의 패턴에 진입할 수 없다. 사실 2단계까지는 그리 어렵지 않다. 교육 현장에서 만나는 많은 사람들이 어렵지 않게 결심 단계에 도달한다. 마음의 울림을 받아들이고 성공에 대한 열망을 확인하는 것만으로도 결단을 내리는 것을 볼 수 있다. 누구나 성공을 원하기 때문이다.

문제는 세 번째 단계인 '실행'이다. 결심을 했더라도 행동으로 옮기지 않으면 절대 성공할 수 없다. 결심은 마음의 움직임이지만 실행은 몸과 마음이 함께 움직여야 가능하기 때문이다. 많은 사람들이 계기를 만나고 결심을 하지만 세 번째 단계인 실행에서 좌절을 경험한다. 결심이 실행으로 이어지기 위해서는 굳은 믿음과 의지, 갈망의 에너지가 필요하기 때문이다. 결심이 힘을 발휘하기 위해서는 72

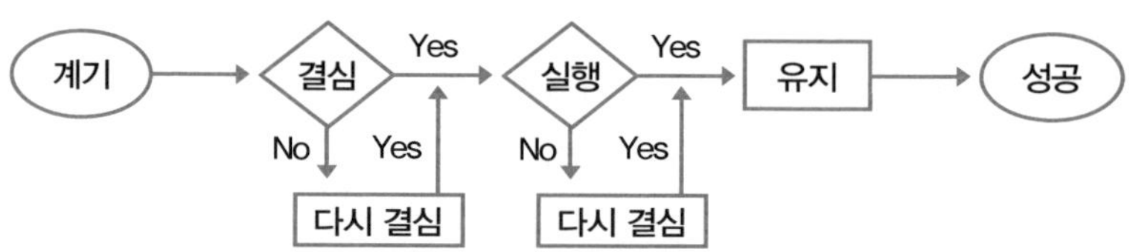

성공의 패턴 순서도

시간 안에 실행에 옮겨야 한다. 결심은 감정적 울림의 소산인데, 사람의 감정은 72시간 이상 지속되기 어렵기 때문이다.

하지만 여기서 실패한다 해도 포기해서는 안 된다. 이때는 한 단계 앞으로 돌아가 다시 결심을 다지면 다시 한 번 실행의 기회를 얻을 수 있다. 실행의 실패가 성공의 실패는 아니라는 것을 기억하고 다시금 결심하고 보다 철저한 실행 계획을 세워야 한다.

실행 궤도에 접어들면 성공에 성큼 다가선 것이라고 할 수 있다. 결심을 행동으로 옮겨 습관화하면 작은 성공의 경험들이 쌓여 제2의 본능으로 승화시킬 수 있기 때문이다. 이렇게 반복적으로 실행을 '유지'해 나가다 보면 어느덧 성공을 향해 다가가고 있는 자신을 발견하게 된다. 이때도 마찬가지다. 실행하고 실행해서 완전히 본능화하는 데 실패했다면 한 단계 앞으로 돌아가 다시 시작하면 된다. 포기하지 않으면 절대 실패하지 않는다는 것을 믿어야 한다. 그것이 바로 성공의 동력이다.

공군사관학교의 학년별 교육 주제

지점장 시절, 공군사관학교 출신을 몇 분 채용해 교육 훈련을 담당한 경험이 있다. 그들과 대화를 나누던 중 공군사관학교에는 학년별로 핵심이 되는 교육 주제가 있다는 이야기를 듣게 되었다. 1학년의 교육 주제는 복종, 2학년은 모범, 3학년은 명예, 4학년의 주제는 지도라고 했다.

왜 1학년의 주제가 복종일까, 그 복종의 대상은 무엇일까 호기심이 일었다. 그들의 설명을 들어보니 마음 깊이 수긍되며 고개를 끄덕이게 하는 점이 있었다. 군인 특히 장교에게 있어서 복종은 군인이 되기 위한 가장 중요한 요소이고 그 복종의 대상은 국가, 애국심, 국가를 지켜 내는 책임감이며 절대가치다. 이 절대가치 앞에 복종하는 것이 군인으로서의 제1의 의무이며 군인에게 가장 우선시되는 덕목인 것이다. 그래서 1학년의 주제는 복종이다.

2학년의 주제가 모범인 것에도 합리적인 이유가 있다. 1학년 때의 투철한 국가관, 애국심, 국가와 국민을 지켜 내는 가치에 대한 믿음을 확고히 하고 그 절대가치에 대해 복종을 하는 훈련을 했다면, 이제 그 토대 위에 강한 군사력 향상을 위한 각종 지식의 습득, 교육, 훈련들에 대한 실행을 통해 모범을 보여야 한다. 그래서 모범은 강한 군사력 향상을 위한 '진실된 열심'을 의미한다.

3학년의 주제는 명예다. 애국심, 국가를 지켜내는 절대가치에 대한 믿음을 바탕으로 강한 군사력 향상을 위한 진실된 열심을 통하여 비로소 스스로에 대한 자긍심인 명예가 탄생된다. 애국심만으로 혹은 애국심 없는 진실된 열심만 가지고는 명예가 만들어지지 않는다. 앞서 이루어온 두 단계, 즉 복종과 모범을 통해 내면의 명예가 만들어진다.

4학년의 주제는 지도다. 애국심을 바탕으로 진실된 열심을 통해 만들어진 명예를 얻게 되면 비로소 남을 지도할 수 있는 역량과 자

격을 갖게 된다. 지도는 옳은 방향에 대한 설득이기 때문이다. 이것
이 훌륭하고 진정한 군인으로서의 성장 단계다.

- 1단계 복종 = 가치에 대한 복종

- 2단계 모범 = 정직한 노력, 성실

- 3단계 명예 = 자긍심

- 4단계 지도 = 나눔, 멘토링

성공의 단계에는 순서가 있다

공군사관학교의 학년별 교육 주제는 나의 관찰, 연구 결과와 아주
유사했다. 나는 그간의 경험을 토대로 다음과 같은 두 가지 결론에
도달했다.

첫째, 성공의 단계에는 순서가 있다는 것이다. 이 순서를 거스르
거나 단계를 생략할 경우 예상할 수 없는 비효율이 발생한다. 서투
르고 무모한 도전은 가끔은 혁신을 만들기도 하지만 대부분의 경우
수포로 돌아가기 쉽다. 오랜 세월 동안 많은 사람들이 경험의 축적
을 통해 다듬어온 프로세스를 따르는 것이 성공을 위한 가장 쉽고
정확한 방법이라고 할 수 있다.

두 번째 결론은 이 원리가 다른 분야에서도 동일하게 적용된다는 것이다. 비단 군인 장교를 육성하는 사관학교에서뿐만 아니라 모든 분야의 교육, 일, 요리나 놀이 등 어떤 것이라도 마찬가지다. 더 효율적으로 학습하려면, 더 효율적으로 일하려면, 시스템화된 프로세스를 따라야 한다. 아니면 그 '레시피'를 직접 만드는 개척자가 되어야 한다.

세일즈맨을 위한
성공의 법칙 7단계

사회 경험이 부족한 사람들은 자기 확신이 너무 강해서 종종 실수를 범하곤 한다. 자기만의 방식, 즉 '자기류'만으로도 얼마든지 발전하고 성공할 수 있다고 생각하고 선배들의 조언을 가볍게 여긴다. 물론 젊고 신선한 아이디어나 저돌적인 추진력이 필요한 순간도 있다.

하지만 역사 속에 축적된 노하우에는 개인의 역량만으로는 넘어설 수 없는 힘이 있다. 그것은 판매 과정의 성공 법칙들을 의미한다. 수많은 시행착오와 성공의 경험, 암묵적으로 전수되어 온 현장의 숨소리가 응축된 힘은 일개 개인의 아이디어는 견줄 수 없는 시스템으로 구현된다. 이 시스템은 원하는 목표를 달성하기 위해서는 정확한 일을, 정확한 시기에, 정확한 순서에 따라 행해야 된다는 사실을 일깨워준다.

세일즈 프로세스 7단계

생명보험에는 판매과정 7단계가 있다. 고객을 찾고 접촉하고 상품을 소개해 청약으로 연결하며 이후 또 다른 고객 발굴로 연결하는 과정을 상세히 담고 있다.

- 1단계 | 가망고객 발굴(Prospecting) : 보장을 전달할 대상을 찾는 과정이며 모든 프로세스의 출발점이다. 이 단계는 제조업에 비유하자면 원자재의 역할을 하게 된다. 원자재 확보 없이 제품을 생산할 수 없는 것과 마찬가지로 가망고객 발굴은 매우 중요한 임무이며 단계이다. 이때 에이전트의 주요 업무는 가망고객 발굴이다.

- 2단계 | 전화접근(Telephone Approach) : 가망고객과의 첫 번째 접촉이다. 이 과정은 각각의 멋진 구슬들을 꿰어 보배로 만드는 첫번째 단계라고 볼 수 있다. 에이전트 성장에 있어서 가장 중요한 일은 다음(혹은 다음 주) 약속을 잡는 일이다.

- 3단계 | 초회면담(Approach) : 가망고객에게 보장의 필요성을 느끼게 하는 단계이며 여기에서 필요성을 느끼지 못한 가망고객이 그 다음 단계로 진행되는 경우는 거의 없다.

- 4단계 | 보장계획 설명/종결(Presentation/Closing) : 가망고객에게 초회 면담에서 파악한 보장의 필요성에 대한 해결책을 제시하고 보장이 어느 정도에서 반드시 필요하다고 설득하는 단계.

- 5단계 | 청약(Application) : 계약이 체결되어 보장이 전달되는 단계다. 비로소 재정적 안정과 마음의 평화가 전달된다.
- 6단계 | 보험증권 전달(Policy Delivery) : 체결된 계약이 문서로 발행되어 고객에게 전달되는 단계다. 여기서 다시 한 번 보장의 필요성과 보장내용을 설명함으로써 고객에게 더 큰 믿음과 안심을 줄 수 있다.
- 7단계 | 소개확보(Referred Leads) : 고객의 만족을 통하여 다시 보장을 전달할 수 있는 가망고객을 소개받는 단계다. 소개를 받겠다는 의지가 가장 중요하며 프로세스를 지키는 것 또한 효율적으로 소개를 이끌어 낼 수 있는 방법이다.

세일즈 프로세스 7단계 역시 일의 우선순위에 관한 것이다. 순서가 바뀌거나 과정이 생략되면 효율이 낮아지면서 자신감을 잃게 되는 경우가 많다. 입사 초기에 세일즈에 남다른 재능이 엿보여 크게 기대를 했던 에이전트가 프로세스의 혼란에서 벗어나지 못하고 일을 그만두는 경우를 종종 보게 된다. 세일즈로 성공할 가능성이 충분한데도 프로세스가 얽히면서 자기회의에 빠지고 결국 어렵게 잡은 기회를 포기하는 안타까운 선택을 하게 되는 것이다. 모든 프로세스를 지키는 것 또한 시스템의 효율을 극대화하는 핵심 포인트다. 오랜 시간에 걸쳐 시행착오와 검증을 통해 완성된 시스템이야말로 성공으로 가는 가장 빠른 길을 안내하는 지도라고 할 수 있다.

성공의 패턴

계기-결심-실행-유지

1. 거의 모든 사람이 성공을 원하지만 성공을 이루어 낼 수 있다는 신념을 가진 사람은 소수에 불과하다. 대다수의 사람은 자신이 이루어 내지 못할 것이라고 생각하는 것을 꿈꾸고 있다는 의미다.

2. 우리는 가정, 재정, 건강, 직업, 관계, 신앙 등 여섯 가지의 욕구가 균형을 이룰 때 스스로 성공에 도달했다고 느끼고 행복해 한다.

3. 노력에 비해 큰 성과를 얻는 사람들이 있다. 이런 성공은 미리 대출받은, 빚 같은 성공이라고 할 수 있다. 그러니 반드시 나중에 그 대가를 치르게 되어 있다.

4. 성공은 목적의식이 분명한 사람이 믿음을 갖고 행동하는 과정에서 보상으로 주어지는 것이다. 성공의 방식을 이해하고 결심하고 행동으로 옮기는 순간 성공은 시작된다.

5. 성공은 '계기―결심―실행―유지'의 4단계를 통해 이루어진다. 계기를 만나 결심을 했다면 72시간 안에 행동으로 옮기고 그것을 3개월간 지속하라. 그러면 성공은 저절로 이루어진다.

인생은 끝날 때까지 끝난 게 아니다

샐러리맨 시절에는 그저 하루하루에 충실하고 성실하게 살겠다는 것 외에 장기적인 목표나 꿈과는 거리가 먼 삶을 살았다. 그것만으로도 학교 성적이나 직장에서의 평가는 상위권을 유지할 수 있었지만 그때까지 '성공'이라는 단어가 내 인생에 들어오지 못했다. 인생의 목표가 있었다면 그저 부모님으로부터 물려받은 가난을 아이들에게 물려주지 않겠다는 단순한 생각이 전부였다.

내가 생각하던 '성공'은 인생의 종착지에서 펼쳐보는 나만의 인생성적표에서나 확인할 수 있는 것이라고 생각했다. 학창시절 교회에서 세례를 받으라고 할 때도 내가 스스로 죄에서 멀어졌다고 확신이 서면 그때 세례 받겠다고 생각하며 연기 신청을 하기도 했다. 하지만 그런 날은 오지 않았고, 나는 결국 죄인인 채로 세례를 받았다. 신혼 때도 지금 아내에게 사랑한다고 말하는 것이 무슨 의미가 있을까 하는 생각을 하곤 했다. 인생의 마지막 순간에 '평생 당신만을 사랑했다'고 말할 수 있어야 진정한 사랑이 아닐까 생각했던 것이다.

지금 생각해보면 참 엉뚱한 고집이었다는 생각이 들지만 지금도 마음 한쪽에는 그런 생각이 지워지지 않고 있다. 내게 있어 성공이란 아직도 인생의 마지막 단계에서 받는 성적표 같은 것이다. 내가 의미 있고 가치 있는 삶을 살았다고 자평할 수 있을 때라야 비로소 나와 타인에게 부끄럽지 않게 '성공'을 말할 수 있을 것이라는 생각이다.

그런 면에서 내가 생명보험업을 만난 것은 정말 기적이었다. 내가 생각하는 성공관과 맥을 같이하는 직업이기 때문이다. 보험은 가입보다는 유지가 중요하고, 유지보다는 보험금 지급이 더 중요하다. 그럼에도 불구하고 많은 에이전트들이 계약을 위한 노력에 대부분의 에너지를 사용해버린다. 수입의 근거가 계약에서 나오기 때문이다. 어찌 보면 당연한 일이지만 이 또한 인생에서의 성공과 직업적 성공에 대한 개념을 일치시키지 못한 결과가 아닐까. 다행히 나는 이 일을 시작할 때부터 보험금 지급을 위해 계약을 유지하는 데 힘을 쓸고 그런 보장을 가능한 한 많은 분에게 전하고자 노력했다.

수많은 만남을 통해 내가 가장 많이 사용한 단어는 바로 '준비'였다. 그 준비는 많은 부분이 경제적인 성공을 위한 준비였고, 경제적인 성공은 하루아침에 이루어지는 것이 아니라는 데 공감하게 되었다. 급한 것과 중요한 것의 구분으로부터 출발하여, 중요한 것의 우선순위를 단계별로 끌어올리는 데 의견일치를 보는 것에 주력했다. 이 과정이 제대로 이루어지면 고객은 생애설계의 중요성을 인지하고 준비의 필요성을 절감하게 된다. 그러고 나면 스스로 계약서에 서명하기에 이른다.

은행원으로 일하던 시절, 가장 오래 담당했던 부서가 개인대출과 기업대출 분야였다. 그 중에서도 마지막으로 근무했던 부서에서는 1997년 11월에 발생한 소위 'IMF환란' 이후 쓰러진 기업들에게 법정관리, 화의, 워크아웃과 같은 제도를 통해 부채의 일부탕감 및 채무상환재조정 등으로 회생의 기회를 주는 업무를 담당했다.

당시 대부분의 기업들이 성장에만 몰두하여 리스크 관리 개념도 없이 무리한 확장에만 매달리다 IMF 직격탄에 도미노처럼 쓰러져 갔다. 20년이 지난 지금, 많은 회사들이 다시 자리를 잡았지만 아직까지도 그 영향에서 벗어나지 못하거나 경제지도에서 사라진 기업도 상당수다.

이후에 은행에는 전에 없던 부서가 생겨났다. 바로 '리스크관리부'다. 성장 일변도만 달리던 기업들이 리스크 관리 없이 달리다 한 방에 넘어질 수 있음을 많은 수업료를 내고 배운 것이다.

IMF는 우리에게 인생은 성공보다는 실패하지 않는 데 집중하는 것이 현명하다는 교훈을 남겼다. 성공이란 게 비단 경제적인 성공만을 의미하지는 않지만 영향력 있는 환경 중에 가장 급변하고 있는 것이 금융 분야이고 그것이 우리네 인생의 후반부에 대한 성공 여부를 판단할 바로미터가 되는 것만은 분명하다.

인생의 목표는 가정과 건강, 일, 사회적 관계와 명예 등 개인의 삶과 가치관에 따라 다양한 스펙트럼을 띤다. 경제적인 안정이나 부(富)를 목표로 둔 사람도 많다. 하지만 경제적인 성공은 모든 성공의 기반이 되는 최소한의 조건이며, 이는 믿을 만한 재정 상담사와 함께 준비할 때 실패를 막을 수 있다.

나는 평범한 은행원으로 사회생활을 시작해 2000년 12월 생명보험을 전하는 업(業)으로 자리를 옮긴 뒤 17년째 한 길을 걷고 있다. 지금 나는 1,800여 명(2,700여 건의 계약)의 고객 생애 재정을 담당하고 있다.

새로운 고객을 만날 때마다 나는 인생은 끝날 때까지 끝난 게 아니며, 준비에 실패하는 것은 실패를 준비하는 것이나 다름없다는 메시지를 전하는 데 주력한다. 이는 메이저리그 사상 최고의 포수로 꼽히는 요기 베라와 벤저민 프랭클린으로부터 배운 지혜로, 지난 17년간 내 인생의 가장 중요한 명제가 되었다.

진정한 자신만의 인생은 중년 이후에 비로소 시작된다. 젊었을 때 사랑과 건강과 일과 명예, 부까지 모든 것을 가진 사람도 인생의 후반전에서 어떤 삶을 살게 될지 장담할 수 없다. 그래서 우리는 준비해야 하고, 그 준비에 성공한 사람들은 인생을 성공적으로 마무리할 수 있게 된다. 그것이 우리가 지켜야 할 인간으로서의 존엄이고 가족에 대한 책임이다. 나는 이 무겁고도 소중한 명제를 전하는 메신저다.

나는 오늘도 고객들의 성공을 설계하고 그 안에서 나의 성공을 만들어간다. 인생은 끝날 때까지 끝난 게 아니기에 나는 오늘도 그 마지막을 설계하고 준비한다. 그것이 내가 하루하루 만들어가는 성공의 모습이다.

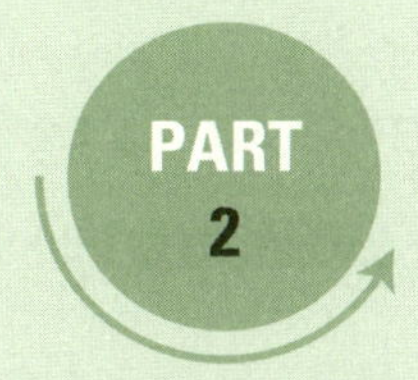

성공의 패턴 제1단계
계기

자신을 믿어라. 자신의 능력을 신뢰하라.
겸손하지만 합리적인 자신감 없이는 성공할 수도 행복할 수도 없다.

– 노먼 빈센트 필

다가오는 기회를
읽는 사람들

　인생을 살아가면서 우리는 수많은 기회를 만나게 된다. 때로는 멋지게 포장된 선물로, 때로는 혹독한 시련이나 실패의 모습으로, 또 가끔은 눈에 잘 띄지 않는 평범한 일상으로 우리의 문을 두드린다. 그런데도 사람들은 왜 내게만 기회가 주어지지 않느냐고 불평한다. 기회가 안 오는 것이 아니라 기회가 다가왔을 때 알아보는 눈을 감고 있는 것인지도 모른 채 말이다.

　흔히들 기회란 것이 성공의 모습으로 다가올 것이라고 착각하지만 오히려 기회는 작고 초라한 모습일 때가 많다. 고단한 노동을 수반하기도 한다. 성공이란 준비와 기회가 만나는 지점에 있다. 준비하는 사람은 운명 같은 변화의 계기를 기다리기만 하는 게 아니라 스스로 선택해서 변화의 기회를 만든다. 그리고 기회를 만났을 때 그것을 성공의 교두보로 증폭시키는 저력을 발휘한다.

인생을 바꾸는 중대한 기회 그리고 선택

미국의 작가 나폴레온 힐은 "당신의 인생에 있어 가장 중요한 기회는 바로 지금 당신 옆에 있는 것일 수도 있다"고 말했다. 실제로 우리는 하루에도 몇 번씩 인생의 전환점을 만들 수 있는 계기를 접하게 된다. 어떤 기회는 그날 하루를 어떻게 보낼지 결정하는 계기가 되지만 어떤 기회는 우리 인생을 송두리째 바꾸는 전환점이 되기도 한다. 인생의 전환이란 새롭게 결심하고 행동으로 변화시킬 때 일어나는 일이며, 이것은 우리가 언제든지 선택할 수 있는 일이기 때문이다.

현명한 사람들은 이러한 인생의 변화를 위한 계기를 가능한 한 많이 만든다. 그들은 믿음을 갖고 거침없이 뛰어든다. 그리고 성공한다. 여기에도 대수의 법칙(The Law of Large Numbers)이 존재한다. 즉, 더 많은 인식변화 혹은 강화의 기회를 가질수록 더 많은 결심의 기회가 있으며, 더 많은 결심의 기회가 있으면 더 많은 변화의 기회가 생기게 되며 이것은 성공의 확률을 높이는 결과를 가져온다.

MDRT 회장을 역임한 영국의 보험왕 토니 고든은 보험재정 전문가로 커리어를 시작했지만 초기 8년간은 그 직업보다 더 좋은 일이 없을까 하고 전전긍긍하며 세월을 보냈다. 그 일에 집중하지 못한 것이다. 그러다 큰 의미 없이 참석한 MDRT 연차총회에서 생명보험의 가치와 그 위대함에 대해 깨닫게 된다.

뜻밖에 다가온 이 기회는 그의 인생을 바꾸는 전환점이 되었다.

이후 그는 생명보험에 몰입했으며 위대한 생명보험인으로 다시 태어나게 된다.

우연한 기회를 성공의 계기로 만들다

신성호 회장은 자신에게 다가온 기회를 더 빠르게, 정확하게 간파한 경우다. 우연한 기회에 국내 한 보험사의 직무설명회(CIS: Career Information Session)에 참석한 그는 자신의 인생이 큰 변화를 맞이하게 되리라는 것을 직감한다. 그는 보다 적극적으로 그 기회를 검증하기에 나선다. 국내외 여러 보험사의 매니저들을 만나고 상품설명을 들으며 고민을 거듭한다. 하지만 가슴을 울리는 무언가를 찾지 못해 갈등하며 시간을 흘려보내게 된다

그러던 어느 날, 그에게 운명 같은 순간이 다가오게 된다. 그의 고민을 전해들은 한 지인을 통해 푸르덴셜생명을 알게 되고 거기에서 비전을 공유할 수 있는 감동을 받게 된 것이다. 여기서 그는 결심의 단계로 이행하게 된다. 자신에게 다가온 기회를 변화의 계기로 받아들이고 결심으로 이끈 것이다.

그 순간, 신성호 회장의 삶은 완전히 달라졌다. 그는 시스템에 따라 교육과 훈련을 이수하고 숱한 강연과 학습을 통해 자신을 단련해 나갔다. 그는 자신에게 주어진 과제를 흔들림 없이 수행해 나가며 자신을 채찍질했다. 그는 16년 연속 MDRT 자격을 유지하면서 국제MDRT 임원으로도 활동하고 있다. 하지만 그의 자세는 처음 생명

보험업에 투신하던 그때와 조금도 달라진 것이 없다. 여전히 교육과 훈련 현장을 찾고 강연과 멘토링 활동을 이어가고 있다. 독서, 음악, 여행, 사색의 시간을 통해 자신을 성장시키고 강연과 공연, 종교 활동 등을 통해 끊임없이 외연을 확장해가고 있다. 우연히 다가온 기회를 알아보고 긍정적이고 적극적인 마인드로 탐구한 자세가 그의 삶을 성공으로 이끈 것이다.

자신에 대한 긍정적 이미지

인생이 건네는 기회를 자신의 것으로 만들기 위해서는 자기 자신에 대한 믿음, 자기 자신에 대한 긍정적 이미지가 필수적이다. 성공하는 사람들은 누구나 예외 없이 자신에 대한 믿음과 긍정적인 이미지를 갖고 있다. 이는 생명보험 같은 영업 중심의 비즈니스에서 지속적인 성과를 내고 있는 사람들이 갖고 있는 공통점이기도 하다.

자기 자신에 대한 긍정적 이미지와 확고한 믿음은 자신과 타인에 대한 가장 강한 설득력이 된다. 이 믿음의 구체적인 대상은 자기 자신이다. 이들은 자신이 목적을 갖고 태어났으며, 이 목적을 이루기 위한 엄청난 잠재적 역량을 갖고 태어났다고 믿는다. 자신은 세상에 하나밖에 없는 존재이며, 이 세상에 공헌할 수 있는 유용한 존재라는 긍정적인 자존감이 내면화되어 있다.

자신에 대한 이미지는 태어나서 성장하는 과정에서 다양한 환경에 의해 영향을 받게 되며 어느 시점에 이르러서는 무의식의 세계로 깊이 파고들어 자리를 잡는다.

내가 경험한 분야에서 성공한, 또는 한창 성공가도를 달리고 있는 사람들의 공통점 중에 하나는 스스로에 대해 긍정적 이미지를 갖고 있다는 것이다. 성공을 위해서는 자기 자신에 대한 믿음과 긍정적인 이미지가 우선되어야 하므로 스스로를 점검해 보아야 한다. 다음 세 가지 질문을 자기 자신에게 던져보면 자신의 이미지를 확인하는 데 도움이 될 수 있다.

- 내가 태어난 목적은 무엇인가?
- 나는 나의 잠재적 역량을 믿는가?
- 나는 나를 존중하는가?

자신의 존재의 이유와 목적, 그 목적을 달성하기 위해 주어진 잠재력, 그리고 자기 자신에 대한 자존감을 분명히 인지하고 있는 사람은 자신에 대해 긍정적인 이미지를 갖고 있다고 할 수 있다. 이와 같은 믿음이야말로 성공의 패턴 제1단계에 진입하기 위한 성공의 씨앗이라고 할 수 있다.

믿음은 행동을 이끄는 출발점이다

우리는 사랑받기 위해 태어난 목적이 있는 소중한 존재다. 자신의 탄생 목적을 성취하고 성공하기 위해서는 자신이 성공과 행복을 소유할 수 있는 가치 있는 존재이며, 그것을 이루어 낼 수 있는 역량을 갖고 태어났다는 것을 믿어야 한다. 이것은 비단 개인의 이야기만은 아니다. 개인은 물론, 개인이 속해 있는 조직, 사회 등 모든 범주의 사람들이 자신의 가치를 깨닫고 하루하루 자존감을 인지하며 살아갈 수 있게 도와야 한다.

자기 자신을 믿지 않거나 자신의 능력을 충분히 사용하지 않는 것은 엄청난 낭비다. 자기 자신을 믿지 않아 잠재적 역량이 계발되지 않는다면 그것은 그 자신의 손해이며 나아가 세상의 자원을 낭비하는 결과를 초래하게 될 것이다.

믿음은 행동을 이끄는 출발점이다. 이것은 긍정적 태도가 시작되는 출발점이다. 이러한 믿음은 어려운 환경에 직면하더라도 환경이나 다른 사람들에게 책임을 전가하지 않는 마음의 자세를 갖게 한다. 자신에게 닥친 문제는 자기 스스로 해결할 수 있는 능력을 가진 사람이라는 믿음이 결국 그 문제를 스스로 해결하게 한다.

세상에서 승리하는 사람들은 강하고 빠른 사람들이 아니라 그것을 반드시 해낼 수 있다고 믿는 사람들이다. 믿음은 곧 승리의 다른 이름인 것이다.

반드시 해낼 수 있다고 믿는 사람들

지점장을 맡아 얼마 되지 않았을 때 여러 면에서 우려되는 한 지점원이 있었다. 그는 나와의 첫 번째 만남부터 부정적이었다. 회사에 대한 불만이 가득했고 기회가 될 때마다 매니저들에 대한 불만을 털어놓기에 바빴다. 매번 미팅 때가 되면 전체 지점원들 앞에서 불평불만을 털어놓고 분위기를 부정적으로 만들기를 반복했다. 그러면서 정작 자신은 최소 실적 요건도 달성하지 못하고 있었다.

그를 불러다 이야기를 나눠볼까 싶었지만 오히려 부정적인 영향을 미칠 수 있다는 생각에 얼마간 조용히 지켜보기로 했다. 그렇게 3개월의 시간이 흘렀다. 3개월간의 관찰을 통해 나는 그가 이 분야에 엄청난 재능을 소유하고 있다는 사실과 불만의 출발점은 그가 그 자신을 믿지 못하는 데 있다는 것을 알게 되었다.

드디어 면담 시기가 되었다고 판단한 나는 조용히 그를 불렀다. 나는 그가 이 분야에서 크게 성공할 수 있는 재능과 역량을 갖고 있다는 사실을 알려주었다. 그는 처음에는 그것을 믿지 않았다. 그저 자신을 독려하기 위해 하는 칭찬이려니 하는 것 같았다. 하지만 그에 대한 확신과 믿음이 분명했기에 나는 기회가 있을 때마다 그에게 똑같은 이야기를 반복했다. 그가 지금처럼 하루 종일 불평불만을 늘어놓으며 생활하는 것은 우리 지점은 물론, 그 자신에 대해 크나큰 낭비라고 판단했기 때문이다.

한 달쯤 시간이 흘렀을 때, 이번에는 그가 먼저 나를 찾아왔다. 자신이 정말 재능이 있는 사람인지, 정말로 이 분야에서 성공할 수 있겠는지 진지하게 물어왔다. 나는 다시 그가 크게 성공할 수 있는 재능과 역량을 가지고 있다고 확인해 주었다.

그 다음날, 그는 내게 일주일에 두 시간, 지점에서 진행되는 교육에 참석하게 해달라고 요청했다. 나는 흔쾌히 교육의 기회를 제공했고, 그 후 6개월간 그는 한 주도 빠지지 않고 그 교육과 훈련에 참가했다. 그 과정은 그를 완전히 다른 사람으로 바꿔놓았다. 그는 자기 자신을 믿기 시작했으며 그 다음해에 생명보험 명예의전당인 MDRT 자격을 획득했다.

믿음과 몰입과 성장의 연결고리

의심에서의 해방 즉, 강한 믿음은 우리로 하여금 모든 정성과 성실을 기울여 노력하게 한다. 또한 정신, 육체, 감정의 힘이 하나로 집중되게 하여 어떤 것도 저항할 수 없는 몰입 상태를 만들어 낸다.

성장은 몰입을 통해서 이루어지고 몰입은 믿음에서 시작된다. 이렇게 믿음은 행동의 출발점이면서 행동을 지속적으로 유지시켜 내는 강력한 원동력이 된다. 모든 성과는 행동을 통해서만 이루어진다. 그리고 이 행동의 출발점 바로 믿음이다. 생명보험 비즈니스도 마찬가지다. 사람들은 세일즈가 특별한 재능이라고 생각하지만 재능이 없어서 실패하는 사례는 그리 많지 않다. 전심, 전력을 다하지 못하기 때문에 실패하는 경우가 훨씬 많다.

자기 자신에 대한 긍정적 이미지가 성공의 요소에 있어서 가장 중요한 요소임에도 불구하고 보이지 않는 영역이라는 점 때문에 발생하는 오류가 상당히 많다. 목적의식이나 자존감 등은 눈에 보이지 않는 요소이며, 수량화하거나 상호 비교할 수 없기 때문이다. 하지만 이 부분에 대한 정립 없이 성공 요소들을 고려하는 것은 모래성을 짓는 것과 같다. 자기 인식, 자기 확인의 토대가 닦아져야 다음 단계인 태도를 갖출 수 있기 때문이다.

이 포인트를 인식한 뒤 나는 사람들이 어떤 경로를 통해 자기 자신에 대한 이미지를 형성하는지 관심을 갖게 되었고, 이 부분에 대해 집중적으로 관찰하기 시작했다. 현재의 이미지는 개인이 그동안 살아온 과정에서 경험과 습관, 평가 등이 쌓인 결과라고 할 수 있다. 자기 이미지의 특징은 한번 정해지면 잘 변하지 않는다는 것이다. 마치 자기 자신을 향해 찍은 낙인처럼 깊이 박혀 지워지지 않는다.

긍정적 이미지를
만 드 는
셀 프 훈 련 법

성공하기 위해서는 반드시 자기 자신에 대해 긍정적인 이미지를 가져야 한다. 이것은 곧 자기 자신에 대한 믿음으로 이어지며 자신에 대한 믿음은 성공의 토대가 된다. 즉, 성공을 다루기 위해서는 이 이미지 형성의 요소들을 다룰 수 있어야 한다. 자신에 대한 비합리적 믿음은 자신의 잠재적 능력을 빼앗아 가기 때문이다.

자기 이미지 형성에 긍정적인 영향을 미치는 요소와 부정적인 영향을 미치는 요소들은 각각 한 포인트의 양끝에 자리하고 있다. 이들 요소를 분명하게 인지하고 긍정적인 요소는 강화하여 더욱 신장시키고 부정적인 요소는 소거하는 과정을 거듭함으로써 효과적으로 긍정적 자기 이미지를 만들 수 있다.

긍정적 이미지 형성에 영향을 주는 요소

1. 성공 경험

2. 상황에 대한 긍정적 해석 능력 및 습관

3. 주위 사람들 특히 개인이 믿는 사람들(부모, 형제, 선생님, 코치, 감
   독, 매니저, 상사 등)의 평가

4. 자존감 향상을 위해 받은 격려

5. 선한 믿음이 바탕이 된 행동의 축적, 가치 있는 목적의식

부정적 이미지 형성에 영향을 주는 요소

1. 일시적 실패의 경험

2. 현상에 대한 부정적 해석 습관

3. 본인에게 영향력이 있는 사람들(부모, 형제, 가족, 선생님, 코치, 감독,
   상사 등)의 능력, 재능, 존재 자체에 대한 부정적 평가

4. 주변 사람들의 비난

5. 악한 행동들의 축적, 죄의식

강화와 소멸 기법 활용하기

긍정적인 자기 이미지 만들기 교육을 할 때 내가 사용하는 훈련
법 중 가장 효과적인 것이 강화와 소멸 기법이다. 목표나 목적 달성
에 도움이 되는 요소는 강화시켜 더욱 북돋워주고 방해가 되는 요소
혹은 이미 잘 되고 있어서 훈련이 필요 없는 영역에 대한 훈련은 소

멸시킨다는 의미다.

긍정적 자기 이미지의 소유자들은 이미 자기 자신에 대한 자존감이 있으며 성공의 경험을 한 사람들이다. 때문에 계속된 격려로 긍정적 자기 이미지를 유지할 있다. 이 단계에 이르면 성공의 패턴 제1단계에 진입한 것으로 보고 다음 단계로 이행하면 된다. 반면에 부정적 자기 이미지의 소유자들은 단계별 훈련을 통해 부정적인 영향을 미치는 요소들을 소멸시킴으로써 긍정석인 자기 이미지를 완성해 나가야 한다.

사실 = 느낌	사실 ≠ 느낌(사실과 느낌이 다름)
성공을 소유할 가치 있는 존재	자신의 가치에 대한 의심 혹은 반대의 믿음
성공을 이루어 낼 능력을 갖고 있음	성공을 이루어 낼 능력이 없음
선한 존재, 정직, 성실성	죄의식, 분노, 두려움
사랑받기 위해 태어난 존재	필요 없거나 무의미한 존재
타인의 성공을 도울 수 있는 존재	타인에게 영향을 줄 수 없는 존재

• 긍정적 이미지 강화 요소 : 해당 항목에 대한 지속적 믿음의 강화, 자신에 대한 격려, 칭찬, 성공 경험의 축적을 위한 행동의 격려, 성공 경험 리스트 작성, 효율 향상을 위한 지도 · 조언 등

• 부정적 이미지 소멸 요소 : 비난, 실패에 대한 질책, 정직 성실하지 않은 것에 대한 무관심, 방관, 분노, 두려움, 조급함, 죄의식 등

부정적 이미지 소멸 과정

자기 자신에 대해 부정적이 이미지를 갖고 있는 사람들은 가까운 사람들의 비난이나 평가를 그대로 자기 이미지로 받아들이는 경우가 많다. 개인에 대한 평가는 객관적인 척도가 없고 스스로 자신의 이미지를 관찰하는 데는 한계가 있다 보니 이런 일이 발생하는 것이다. 그런데 가족이나 친구처럼 가까운 사람들이라고 해서 편견이 없는 것은 아니다. 또한 그들의 평가가 진지한 고민 없이 가볍게 내려진 비합리적 믿음일 가능성도 배제할 수 없다.

부정적 이미지 소멸 5단계

1. 분류 : 부정적 이미지의 항목 분류
2. 분석 : 부정적 항목에 영향을 주었던 요소 분석
3. 계획 : 부정적 이미지 항목을 긍정적 이미지로 바꾸는 계획 작성
4. 실행 : 모니터링하기
5. 수정 : 계획 수정하기

자신의 이미지가 부정적이라면 어떤 것들이 있는지 생각나는 대

로 적어보고 이것들을 다시 항목별로 분류해 본다. 이미지 항목이 만들어졌다면 이번에는 해당 항목들에 영향을 준 요소는 어떤 것들이었는지 분석해 볼 차례다. 그것은 누군가의 오해나 편견일 수도 있고, 일시적인 사건이나 감정적 충돌에서 오는 느낌일 수도 있다. 사실은 어떤지, 자신이 느끼는 모습은 어떤지, 그 사이에 어떤 차이가 있으며 그 원인은 무엇인지 등 면밀히 검토하고 고민해 보아야 한다.

그러고 난 뒤에 부정적 이미지 항목을 긍정적 이미지로 바꾸기 위한 계획을 세운다. 자신의 이미지 개선을 위한 시스템 설계라고 생각할 수 있다. 분석 단계에서 부정적 이미지를 갖게 된 배경이나 원인을 찾아냈다면 계획 과정을 무리 없이 진행할 수 있다.

이제 남은 일은 계획에 따라 실천하는 것이다. 자신의 부정적인 이미지를 지우고 긍정적인 이미지를 강화하기 위한 계획에 따라 행동수정 과정을 거치며 면밀하게 모니터링을 한다. 이때 계획대로 되는 경우도 있지만 그렇지 않은 경우도 생긴다. 계획대로 되는 경우 더욱 실천력을 높여 효과를 배가하고 생각과 다르거나 잘못된 계획이 있었다면 계획을 수정해서 다시 실행하고 모니터링하는 과정을 반복한다.

긍정적인 믿음을
일 깨 우 는 힘

똑같은 상황이라도 받아들이는 태도가 긍정적인 사람과 부정적인 사람이 있다. 어떤 것이 사실일까? 두 사람 중 어떤 사람이 맞고 어떤 사람이 틀린 것일까?

결론부터 얘기하자면 둘 다 사실이고, 두 사람 다 맞다. 사실 그 자체는 가치중립적이며 개인이 비중을 두는 가치나 믿음에 따라 얼마든지 달라질 수 있기 때문이다.

믿음의 놀라운 힘

인간은 믿음대로 행동한다. 행동은 결과를 낳는다. 결과는 믿음의 결과다. 믿음에 의해 결과가 달라진다는 것은 놀라운 일이다. 모든 실체는 이미 믿음으로 마음속에 있었던 것이다. 개인의 이미지도 마찬가지다. 부정적 이미지도 긍정적 이미지도 개인이 믿는 자기 이미지가 사실이다. 왜냐하면 믿는 대로 행동하게 되고 그것에 의해 결과가 결정되기 때문이다. 그 이미지를 당장 긍정적으로 바꿀 수만 있다면 우리는 인생의 전환점이 되는 계기를 알아보는 눈을 갖게 되고, 이는 곧 성공의 패턴을 알고 성공의 길로 진입하는 것을 의미한다.

어떤 대상에 대해 사람의 마음이 변하는 것은 이미지에 대한 변화이며 그 변화는 엄청난 것이다. 자기 자신, 상대방, 상품, 종교, 일 등등 모든 것이 여기에 해당된다.

부정적 이미지를 변화시키는 것은 쉽지 않은 일이다. 그것은 과거의 마음의 상처이며 부정적 이미지를 형성하는 요소들의 축적이다. 상처가 깊거나 오래될수록 치료 기간이 오래 걸릴 수도 있다. 하지만 미처 모르고 있었던 사실이나 진실은 의외로 빠르게 이미지를 변화시키기도 한다. 긍정적인 믿음을 일깨울 수 있는 설득력 있는 포인트를 찾아내기만 하면 되기 때문이다. 특히 내가 신뢰하고 있는 사람들이 보여주는 나에 대한 믿음은 중요한 역할을 한다.

가장 빠른 방법은 자신이 그것을 깨닫고, 그 사실을 믿지 않는 상태 또는 의심하던 상태에서 확신의 상태로 전환하려는 노력을 경주하는 것이다. 물론 여기에는 외부의 도움이 필요하다. 그렇지만 긍정적 이미지 확보 없이는 성공으로 가기 어렵다는 것을 기억하고 기초를 탄탄하게 닦아야 한다.

긍정적 이미지의 수호자들

우리 모두는 특별한 존재다. 성공하기 위해서는 이 사실을 이해하고 인정해야 한다. 그것은 사실이기 때문이다. 자기 자신에 대한 믿음이 만들어지는 과정은 매우 중요하다. 나와 가장 가까운 사람들의 나에 대한 평가, 과거의 경험, 성과, 주위의 인정, 신과의 대화 등을 통해 자기 자신이 특별한 존재라는 것을 인식하게 되면 의식적, 무의식적으로 동기부여를 받을 수 있다. 이때 우리에게 주어지는 힘은 마르지 않는 샘처럼 끝없이 솟아오른다.

부모님이나 선생님, 코치, 관리자들의 가장 큰 역할은 자녀들, 학생들 혹은 훈련생들이 자신에 대해 강한 긍정적 이미지를 갖게 하는 것이다. 그들이 생득적으로 갖고 있는 자존감 즉, 크나큰 잠재력을 가진 세상에 하나밖에 없는 존재이며 이 세상에 공헌할 수 있는 소중한 존재라는 자신에 대한 믿음을 회복시키는 것이다.

에디슨이 초등학교 4학년 때의 일이다. 에디슨의 어머니는 장학사와 교장의 면담 요청을 받고 학교에 가게 된다. 그들은 에디슨이 보는 앞에서 어머니에게 에디슨이 저능아라서 더 이상 학교에서 가르칠 수 없다고 말했다. 에디슨의 어머니는 물러서지 않았다. 오히려 우리 아이는 당신들이 생각하는 저능아가 아닐 뿐만 아니라 아주 특별한 재능을 가진 아이라고 장학사와 교장을 나무랐다.

"어머니는 저를 믿어주셨습니다. 덕분에 저는 제가 무언가를 할 수 있다는 자신감을 가지게 되었고, 어머니를 실망시키지 않아야 한다고 생각했습니다." 에디슨은 자신에 대한 어머니의 강력한 믿음 덕분에 자기 자신에 대한 강한 믿음을 갖게 되었다고 회고한다.

비즈니스도 마찬가지다. 분야를 막론하고 일을 할 때는 초기 3개월이 매우 중요하다. 초기 3개월은 일에 대한 자신의 이미지가 형성되는 시기이기 때문이다. 이때 형성된 이 일과 자기 자신에 대한 이미지가 평생의 이미지를 결정하게 되고, 그것은 일의 성과에 직접적, 간접적인 영향을 미친다. 만약 이때 부정적 이미지를 형성하게 되면 그것을 다시 긍정적 이미지로 바꾸는 데는 엄청난 시간과 노력이 필요하거나 혹은 불가능하다. 어떤 일을 하건 초기에 영향력 있는 인물들로부터 긍정적인 강화를 지속적으로 받으며 자신에 대한 긍정적인 이미지를 형성해야 성공의 저력을 키울 수 있다.

그런데 우리는 종종 예상치 못한 복병을 만나게 된다. 우리가 무시할 수 없는 친밀한 관계에서 이루어지는 진심 어린 조언이 우리의 무의식에서는 오히려 비난으로 받아들여지는 경우가 있는 것이다. 말을 하고 듣는 현장에서는 그것이 진심이라는 것을 알고, 있는 그대로 받아들인다고 여겨도 자기도 모르는 사이에 무의식에서는 방어기재가 발동하기 시작하는 것이다. 조언이나 비난이 친밀한 관계에서 이루어지면 그 효과나 상처가 훨씬 커진다.

조언은 '어떤 특정한 일의 목적이나 목표를 긍정적 이미지(자긍심 강화)에 도움을 주면서 효율적으로 달성하게 하는 지침'을 말한다. 반면에 비난은 '사람이 태생적으로 가치 있는 존재가 아니라는 전제 아래 자존감에 상처를 입히는, 부정적 이미지를 유발하는 모든 행위'를 가리킨다. 비난은 상대의 긍정적 이미지를 파괴함으로써 한 사람의 완성도 높은 인생 즉, 성공과 행복을 방해하는 가장 큰 요소다.

성장기에 긍정적이고 따뜻한 양육을 받은 사람은 자기 자신에 대한 긍정적인 이미지를 형성할 가능성이 높고, 냉담하고 사무적인 분위기에서 성장한 사람은 부정적인 자기 이미지를 형성할 가능성이 높다. 마찬가지로 비즈니스 진출 초기에 긍정적이고 따뜻한 리더나 관리자를 만나 멘토링을 받으면 자신의 역량을 최대한 발휘하여 성공할 가능성이 높은 반면 견제와 비난 속에서 일을 배우다 보면 부정적인 이미지를 갖기 쉽다.

성공하기 위해서는 긍정적인 이미지를 파괴하는 사람들을 멀리해야 한다. 부정적인 이미지를 깨고 긍정적 이미지를 지키는 성공의 수호자들을 곁에 많이 두어야 같은 노력을 들여도 더 큰 성공을 거둘 수 있다.

믿음이 승리에
미치는 영향

　세상에서 승리하는 사람, 세일즈 현장에서 승리하는 사람은 누구일까. 그들은 어떤 사람들이기에 자기 자신을 이겨내고 상대방을 설득하고 세상을 얻는가. 사람들은 흔히 강하고 빠른 사람들이 승리를 거머쥔다고 생각한다. 타고난 재능이 탁월한 사람은 이길 수가 없다고들 말한다.

　하지만 항상 옳은 것은 어디에도 없다. 역사를 거슬러 우리는 그것을 수도 없이 확인했다. 조건은 진입 초기를 차이를 말해주는 요소일 뿐 더 이상의 의미는 없다. 심지어 신체적 조건이 결정적인 영향을 미치는 스포츠 현장에서조차 그 사실을 확인할 수 있다. 수많은 영웅들이 우리 앞에서 부상했다 추락했다. 그들은 타고난 몸과 체력, 민첩성과 힘을 배경으로 남보다 앞서나간다. 하지만 남다른 조건과 태생적인 능력이 승리를 보장하지는 않는다. 특히 승리를 지속적으로 지키는 것은 완전히 다른 일이다.

자기 자신에 대한 긍정적 이미지, 삶에 대한 태도, 마인드 콘트롤에서 실패한 사람들은 자기 손에 주어진 승리의 영광을 자기 손으로 산산조각 내버린다. 그들이 맛본 승리조차 처절한 노력의 결과일진대, 자신을 지키지 못한 대가로 모든 것을 잃고 쓸쓸히 무대를 떠나는 영웅들의 일그러진 뒷모습을 우리는 기억해야 한다.

믿는 자가 곧 승리자다

원하는 것이 있을 때 그것을 반드시 해낼 수 있다고 믿는 사람은 결국 그 일을 해낸다. 믿는 자들이 곧 승리자인 것이다. 행복과 성공을 꿈꾼다면 "나는 반드시 성공적이고 행복한 삶을 살겠다"고 결심해야 한다. 그리고 그것을 믿어야 한다. 믿음 없이 이룰 수 있는 것은 아무것도 없다.

교육현장에서 사람들을 만나보면 같은 교육, 같은 프로세스, 같은 훈련과정을 거쳤음에도 성공의 정도에는 사람마다 큰 차이가 있다는 데 놀라곤 한다.

지점장 시절, 나는 28개월간 매월 신입 보험재정 상담사를 채용해 강도 높은 교육을 진행했다. 교육의 핵심 내용은 자기 자신에 대한 믿음 회복과 생명보험의 가치에 대한 확인이었다. 이 일의 성패에 영향을 미치는 가장 중요한 요소가 바로 이 두 가지이기 때문이다. 특히 자기 자신에 대한 믿음의 크기는 일의 성패를 크게 좌우한다. 실제로 자기 자신에 대한 확고한 믿음, 자신이 하는 일의 가치에 대한 믿음이 있는 사람들은 지식과 기술을 더욱 강하게 훈련받은 사람들보다 성공 확률이 훨씬 높았다.

성공한 사람들은 늘 긍정적 태도를 유지한다. 우리가 박수를 보내는 성공적 결과들은 모두 긍정적 사고를 가진 사람들에 의해 완성되었다. 반면에 실패하는 사람들에게서 유추할 수 있는 실패의 특징도 있다. 실패의 이유는 능력의 부족, 용기의 부족, 경험의 부속, 지식의 부족 등으로 귀결된다. 하지만 이 역시 태도에 달려 있다. 태도는 이 모든 부족을 메워나가는 적극적인 순간의 총합이다. 태도는 마음의 상태다. 스스로 자신의 마음을 다스리는 방식이 실패를 다루는 방법이다.

자신이 꿈꾸는 모습에 대한 믿음과 확신을 갖고 즐거운 마음으로 최선을 다하는 사람들은 대부분 크고 작은 성공을 거둔다. 반대로, 의심하고 타인의 눈치를 보고 등 떠밀려 항해에 나선 사람들은 삶의 즐거움을 얻지도 못하고 인생의 환희도 맛보지 못한다. 그들은 진정한 기쁨이나 환희 자체에 대해 회의적이다. 그러니 성공의 기회가 주어져도 의심과 부정적인 자기 이미지에 시달리느라 불면의 밤을 보내고 인생이 선물처럼 부여하는 기회를 놓쳐 버리는 것이다. 인생은 자신의 마법을 인정하지 않는 사람들에게까지 경이를 선사할 만큼 호락호락하지 않다.

긍 정 적 자 기
이 미 지 를
강화하는 방법 10

1. 하루하루 성실하게 산다

성실은 긍정적 자기 이미지를 강화하는 가장 빠른 방법이다. 오늘 해야 할 일을 정한다. 그리고 오늘 해낸다. 그것이 성실이며 자신과의 약속이다. 자신과의 약속을 지킨다는 것은 자기 자신의 긍정적 이미지를 강화하는 매우 효율적인 방법이다.

2. 부정적인 평가나 비난은 무시한다

사람은 누구나 다른 사람들이 나를 어떻게 생각하는지 궁금해 한다. 본질적으로는 인정받고 칭찬받고 싶은 욕구에서다. 하지만 타인의 평가가 내 인생을 바꿀 수는 없다. 다만 타인의 평가에 흔들려 자신에 대한 긍정적 이미지를 잃어버리면 성공은 그 자리에 주저앉고 만다. 그들이 비록 부모, 형제, 가장 친한 친구일지라도 나에 대한 부정적인 평가나 비난에 흔들려서는 안 된다.

3. 자신의 장점에 집중한다

종이에 자신의 장점을 생각나는 대로 적어본다. 크고 작은 것, 중대하고 사소한 것이 따로 없다. 생각나는 대로 모두 적는다. 가능한 많이, 가능한 한 구체적으로 기록한다. 그리고 날마다 시간을 정해 규칙적으로 읽는다. 이렇게 하면 자신의 긍정적인 이미지에 대한 집중력을 신장시키는 데 도움이 된다.

4. 과거의 성과를 마음껏 즐긴다

성공의 경험에 집착하면 발전이 없다는 의견을 가진 사람도 많다. 하지만 작은 성공의 경험이 쌓여 큰 성공의 기틀이 되는 것이다. 성공의 경험만큼 강렬한 자극도 없다. 자신이 과거에 이루어 놓은 성과에 대해 구체적으로 기록한 후 시간을 정해 규칙적으로 읽는다. 여기서 오는 기쁨과 감사, 에너지를 최대한 길게 누려본다. 자신에 대한 긍정적인 이미지가 더욱 강화되는 것을 느낄 수 있을 것이다.

5. 과거의 실패 사례에서 배운다

성공의 경험만큼 실패의 교훈도 소중하다. 실패는 아픈 만큼 우리를 성장시키는 약이 된다. 과거의 실패 사례를 기록한 뒤 거기서 배

운 교훈을 상세히 기록한다. 실패를 가치 없이 여기면 그것은 상처
로 남을 뿐이지만 실패의 가치를 똑바로 직시하면 그것은 역사가 된
다. 실패 없는 성장은 존재하지 않는다.

6. 과거의 죄의식에서 벗어난다

죄의식을 느끼는 것은 사람마다 차이가 있다. 사소한 일에도 죄의
식을 느끼며 괴로워하는 사람이 있는가 하면 다른 사람에게 큰 피해
나 상처를 입히고도 태연한 사람도 있다. 어떤 경우건 죄의식은 우
리에게 악영향을 미친다. 사람은 누구나 완벽할 수 없다는 사실을
받아들여야 한다. 잘못한 일이 있으면 사과를 하고 용서를 구하면
된다. 그것만이 죄의식에서 벗어나는 길이다. 죄의식이 나의 성장을
방해하게 해서는 안 된다.

7. 목적도 방법도 정의로워야 한다

목적이 수단을 정당화해서는 안 된다. 옳지 못한 방식으로 이루어
낸 성과는 위태롭다. 떳떳하고 당당한 즐거움을 얻기 위해서는 항상
옳은 방식으로 일하려고 노력해야 한다. 하루하루의 정의가 쌓여 정
의로운 성공이 완성되는 것이다.

8. 자기연민에 빠지지 않는다

자기연민에 빠진 사람 곁에는 사람이 머물지 않는다. 사람은 누구

나 아픔과 고통이 있고, 객관적인 크기와 별도로 자신의 아픔이 가장 큰 법이다. 내가 가장 힘들고 내가 가장 억울하고 내가 가장 손해 보고 있다는 감상에 빠지면 주변과 화합하기 어렵다. 자기연민에 빠진 사람들은 자기 자신을 과소평가하고 있는 것이다. 고통스러운 순간에도 이 정도 시련은 내가 감당할 수 있으니 내게 주어진 것이라고 생각하고 그것을 이겨내야 발전을 이룩할 수 있다.

9. 다른 사람의 칭찬, 인정 등을 기록한다

칭찬이나 인정을 자주 받는 사람은 자신에 대해 긍정적인 이미지를 갖게 된다. 다른 사람들에게 들었던 칭찬, 주위의 인정 중 자신을 힘나게 하는 말이 있다면 적어두고 수시로 읽어본다. 설령 그것이 실제에 비해 과찬일지라도 수시로 생각하며 그에 부합하는 사람이 되기 위해 노력한다.

10. 자신의 의견을 분명하게 표현한다

토론, 회의 등에서 자기를 드러내는 것을 주저하는 사람이 많다. 다른 사람들이 자신을 어떻게 생각할지 몰라 망설이는 것이다. 하지만 자기 의견을 갖고 의견을 표현하는 것은 아주 의미 있는 일이다. 자신의 의견이 토론 과정에서 채택되지 않더라도 상관없다. 그것은 스스로 주관적 의견을 만들어 내는 습관을 형성하게 되며 궁극적으로 자기 자신의 긍정적 이미지를 형성하는 데 도움이 된다.

Summary

성공의 패턴 제1단계

계기

1. 성공이란 준비와 기회가 만나는 지점에 있다. 준비하는 사람은 가만히 앉아서 운명 같은 기회를 기다리기만 하는 게 아니라 스스로 선택해서 변화의 계기를 만든다.

2. 현명한 사람들은 인생의 변화를 위한 계기를 가능한 한 많이 만든다. 그들은 믿음을 갖고 거침없이 뛰어든다. 그리고 성공한다.

3. 성공한 사람들은 자신이 행복과 성공을 성취해 낼 수 있는 역량을 갖고 있으며 사랑받고 다른 사람들의 성공을 도울 수 있는 가치 있는 존재라는 사실을 믿는다.

4. 자기 자신에 대한 믿음은 성공을 위한 지속적이고 집중적인 노력을 가능하게 만든다. 우리는 자기 자신에 대해, 조직에 대해, 나아가 사회적으로 해야 될 역할과 그것을 이루어 낼 수 있는 잠재적 역량을 갖고 태어났다는 사실을 믿어야 한다.

5. 자기 자신에 대한 믿음, 긍정적 자기 이미지를 갖고 있는 사람만이 성공의 패턴 제1단계인 계기를 만날 수 있다.

열린 마음이 성공의 기회를 만든다

영업직으로 전직을 한 뒤 내게 생긴 가장 큰 변화는 강의를 접할 기회가 많다는 것이다. 교육받기를 좋아하는 나는 물 만난 고기처럼 거의 모든 교육에 참석해 왔다. 후배들에게도 상담과 교육이 겹치면 상담시간을 조정하고 교육에 먼저 참석하라고 권유할 정도로 교육의 중요성을 강조하곤 한다. 상담은 지금의 나를 있게 하지만 교육은 미래의 나를 있게 하기 때문이다.

사내외에서 제공되는 상품지식교육, 세무교육, 타깃마켓교육, 경제교육은 기본이고 연 1회 미주에서 4일 동안 열리는 MDRT 연차총회에서 진행되는 20여 개의 메인강의와 30여 개의 포커스강의, 그리고 1박2일간의 한국 MDRT 데이에서 진행되는 7개 내외의 메인강의 등도 15년 동안 빠짐없이 참석하고 있다. 또한 국제 MDRT 임원으로 활동하면서 접하는 업계 선후배들의 숱한 강의도 특별한 일 없으면 참석하는 것을 원칙으로 하고 있다.

리더(Leader)에서 헬퍼(Helper)로

많은 강의에서 비중 있게 다뤄지는 주제 중의 하나가 '리더십'이다. 그만큼 자기 분야의 리더가 되고 싶어 하는 사람이 많다는 얘기일 것이다. 다만 리더십이 직장 내 승진이나 직급에 따라 주어지는 권위와 혼동되는 경우가 있는 것 같아 안타까울 때가 많다.

생명보험업은 한 가정의 질병과 사고에 따른 경제적 난관이 가정의 붕괴로 이어지지 않게 도울 수 있을 뿐만 아니라 한 사람이 인생을 마무리하는 시점에 최소한의 존엄성을 지킬 수 있도록 도와주기 위한 장치다. 이는 있어도 되고 없어도 되는 선택의 대상이 아니라 인간이라면 누구나 가지고 있어야 할 필수 안전장치이기도 하다.

나는 지금까지 14명의 고객에게 사망보험금을 지급했고 해마다 수많은 암 진단금, 입원·수술비를 지급하고 있다. 이제는 나 역시 나이가 들어가고 있고, 그에 따라 고객의 연령도 증가하고 있어 앞으로는 보험금 지급 횟수가 급격히 증가할 것으로 예상된다. 내가 60세가 된다면 아마도 보험금 지급이 계약보다 훨씬 많아질 것을 조심스럽게 예상해 본다. 그때가 비로소 내가 직업인으로 존재해야 할 이유를 발견하는 시기가 되지 않을까 싶다.

생명보험업을 선택할 당시 나는 인생을 리더(Leader)가 아니라 헬퍼(Helper)로 살기로 결심했다. 헬퍼로의 '선택의 힘'은 많은 고민을 해결해 주었다. 우선 고객뿐 아니라 주변에 도움이 된다면 내가 조금 힘이 들더라도, 비용이 좀 들더라도 내가 하자는 결심을 하게 되었다.

그 결과 나는 법률, 노무, 세무, 부동산, 경영컨설팅, 부동산, 손해사정 등 7개 분야의 전문가를 중심으로 원스톱 고객 지원시스템을 구축하게 되었다. 고객의 사업과 고객을 연결할 뿐 아니라 고객의 자녀들 간의 매칭, 고객의 자녀에 대한 멘토링 등 헬퍼로서의 역할을 충실히 수행하는 과정에서 신규 계약을 발굴해 나가고 있다. 진심은 통한다고, 고객을 돕고자 하는 진심을 알아주는 분들 덕에 나는 매년 전체 계약의 30% 정도가 자녀계약으로 이루어지고 있다.

우연한 기회를 성공의 계기로

내가 생명보험업을 시작하는 계기를 만나게 된 것은 2000년 3월의 일이다. 당시 나는 외환은행 본점에서 근무하고 있었다. 그때 국내의 한 보험사에서 초대장이 배달되어 왔다. 직무설명회가 있으니 들어보라는 내용이었다. 당시 나는 이직에 대한 두 가지 원칙이 있었다. 첫째는 은행에서 정년퇴직하지는 않는다, 둘째는 절대 내가 이력서를 작성하여 내밀지 않는다는 것이었다. 스카우트 제의가 들어오면 언제든 검토해 보겠다는 생각이었던 것이다. 나는 큰 고민

없이 직무설명회에 참석했다. 평소 새로운 정보에 대해서는 마음을 열어 놓자고 생각하고 있었기 때문이다.

설명회는 두 시간 가까이 진행되었다. 국내 보험시장에 4년제 대졸 남성 전문설계사 시대가 열린다, 다양한 상품 판매를 통해 고소득의 연봉을 받을 수 있다는 등 흥미로운 내용이 중심을 이루고 있었다. 나는 은행에서도 고객유치, 관리 업무를 하며 영업실적을 올려본 경험이 있던 터라 영업이라는 영역이 낯설지는 않았다. 다만 보험이라는 상품을 세일즈하는 것에 대한 확신이 서지 않았다. 조금씩 고민이 되기 시작했다. 분명 가능성은 보이는데 이거다 싶은 확신이 없었던 것이다.

이 고민을 지인들에게 이야기했더니 소개가 잇달아 들어왔다. 6개월에 걸쳐 외국계보험사 세 곳, 국내보험사 한 곳에서 추가로 설명을 듣게 되었다. 이야기는 거의 비슷했다. 다양한 상품을 보유하고 있다, 고소득을 올릴 수 있다……. 하지만 이런 이야기들은 어쩐지 내게 울림이 없어 마음이 움직이질 않았다. 업종과 업무형태는 마음에 들었으나 입사하고 싶은 회사가 없었다. 마음을 결정하지 못한 상황에서 은행에서 희망퇴직 공고문이 발표되었다.

답답한 마음에 처음 이 길을 보여 주었던 보험사의 부지점장을 찾아가 그간의 경과를 이야기하고 다른 회사를 추천해주기를 요청했다. 그는 의미심장한 표정을 짓더니 푸르덴셜생명에 가보라고 권해 주었다. 마침 사내 창업게시판에 푸르덴셜 입사자가 올려놓은 광고를 본 기억이 있어 바로 확인해서 전화를 걸었다. 그는 자신을 라이프플래너(Life Planner)라고 소개했다. 호칭도 마음에 들었지만 그의 목소리에 깃들어 있는 자기 직업에 대한 확신은 당시 평범한 은행원이었던 나를 일깨우기에 충분했다. 이후 부지점장을 소개받아 직업에 대한 소개와 설명회 절차를 안내받은 후 직무설명회에 참석했다. 설명회는 총 3회에 걸쳐 진행되었는데, 그 1차 설명회 진행자가 나의 평생 파트너이자 멘토가 된 정명원 대표였다.

그의 설명회는 압권이었다. 두 시간 동안 진행된 설명회에서 그는 가장으로서 가정을 끝까지 지켜야 하는 이유와 방법, 보험이 사회에 미치는 선한 영향력, 후발주자로 시작한 회사가 추구하는 새로운 전략이나 계획들을 진심과 열정을 담아 쏟아냈다. 그의 설명을 들으며 나는 기대하지 못했던 큰 감동을 받았다.

설명회가 끝나고 집으로 돌아가는 길, 횡단보도 앞에 서서 신호를 기다리던 내 눈에서는 나도 모르게 눈물이 흘러내렸다. 6개월 넘게 찾아 헤매던 그 회사를 드디어 찾았다는 감사의 눈물이었다.

선택의 세 가지 원칙

그때 내가 열린 마음으로 새로운 정보들을 받아들이지 않았다면 어떻게 되었을까. 어쩌면 나는 지금도 성실만이 최고의 미덕이라고 여기며 평범한 은행원으로서의 삶을 살아가고 있을지 모른다. 여전히 내 삶은 성공과는 거리가 멀 것이고, 나는 그저 가난을 면한 것에 감사하며 살고 있을지도 모른다. 다행히 나는 내게 다가온 기회를 내 것으로 만들 만큼의 열린 마음을 갖고 있었고 그 계기를 결심으로 이어갈 수 있게 도와주는 멘토들을 만날 수 있었다.

내겐 인생의 선택에서 기로에 놓일 때마다 되새기는 몇 가지 원칙이 있었다. 첫째, 멀리 길게 보고 선택하자. 그래야 인생의 후반부에 들어섰을 때 후회하지 않을 수 있다. 둘째, '윈윈'이면 선택한다. 고객도, 회사도, 나도 유익하면 계약과 무관한 일이더라도 선택한다. 그것이 일하는 진정한 기쁨으로 이어진다. 셋째, '헬퍼'로서 선택한다. 내 것을 취하려 하기보다 상대방을 이롭게 하는 데 힘을 보탠다. 헬퍼로서의 삶은 리더로서의 삶보다 따뜻하고 행복하다.

성공의 패턴 제2단계
결심

성공적인 삶의 비밀은 무엇을 하는 것이
자신의 운명인지 찾아낸 다음 그것을 하는 것이다.

– 헨리 포드

결심은 생각의 끝이자 변화의 출발점

　우리가 흔히 '멘토' 또는 '그루'라고 하는 전문가들 또는 해당 분야의 대가들을 만나서 대화를 나누거나 강연을 들으면 마음 깊이 감동을 받고 인식의 변화를 경험하게 된다. 그리고 지금까지의 자신에게서 벗어나 조금 다른 삶을 살아보기로, 용기를 내서 망설이던 일에 도전해 보기로 결심을 하게 된다.

　결심은 성장을 위해 필요한 변화를 이루어 내기로 마음의 선택을 하는 것이다. 인식의 변화는 마음의 변화를 이끌어 내는 동력이 된다. 결심은 생각의 끝이고 행동의 출발점이다.

인식의 변화와 행동의 변화, 그 중간지점

　어떤 강연은 우리에게 예상치 못했던 큰 감동과 인식의 변화를 가져온다. 실제로 직무설명회나 교육 현장에서 보면 교육생들이 감동의 물결에 젖어가는 모습이 눈에 들어온다. 해변의 모래가 밀물에 젖어가는 모습과 매우 흡사하다. 그들 모두 진심으로 감동하고 크게 반성하며 더러는 눈시울을 적시기도 한다. 그리고는 결의에 찬 모습으로 변화를 선언한다.

인식의 변화는 행동의 변화를 이끈다. 바로 그 중간지점에 선택과 결심이 자리하고 있다. 하지만 선택은 선택이고 결심은 결심일 뿐 행동이 수반되지 않는다면 그 모든 감동과 결심은 빛을 잃고 만다. 결심이 행동을 시작하는 단계이긴 하지만 행동을 의미하지는 않기 때문이다.

일과 관계된 중대한 선택이건 개인적이고 사사로운 선택이건 우리는 인생을 통해 무수히 많은 계기를 만나게 되고 인식의 변화를 경험하게 되며 그 결과 결심에 이른다. 그 인식의 변화와 더불어 결심에 대한 감정이 강력할수록 강한 결심을 하게 된다. 즉, 감정이 강하면 강할수록 변화할 가능성은 높아진다.

인식의 변화를 만들어주는 다양한 경로

인식의 변화를 야기하는 계기는 매우 다양하다. 가장 쉽게 접할 수 있는 것은 책이다. 책은 자기 자신과 조우할 수 있는 계기를 마련해 주는 가장 조용하고 개인적인 경로다. 자신의 필요에 부합하는 책을 골라서 자신의 상황에 맞는 방법으로 독서를 하면 된다. 그렇게 몇 시간 책을 읽는 것만으로도 우리는 감동을 받고 인식의 변화를 경험하며 결심을 하게 된다. 금전적으로나 시간적으로나 매우 경제적인 방법이다.

사색도 변화의 계기를 만드는 좋은 경로다. 깊은 생각은 내면의 소리를 듣게 하며 이 소리에 귀 기울이게 되면 올바른 인식의 변화나 확신을 할 수 있게 된다. 이때 사색이 독서와 연계되어 이루어진다면 더욱 큰 힘을 발휘하게 된다.

워크숍이나 세션은 혼자서 조용히 맞이하는 계기보다 훨씬 더 힘이 세다. 교육이나 훈련은 우리에게 인생의 전환점을 가져다주는 강력한 경로다. 일단 의지를 갖고 참여하기만 하면 가장 적극적인 방식으로 인식의 변화를 심어준다. 여기에는 많은 사람들이 일거에 뿜어 내는 열기도 큰 몫을 한다. 이런 시간은 혼자서는 용기를 내지 못했던 일에 도전할 수 있게 힘을 불어넣어주고 스스로 관리하기 어려운 시간들을 함께 보내며 변화를 독려해준다.

반면에 폐해도 있다. 강연장을 적시는 군중심리에 젖어서 쉽게 감동하고 쉽게 결심하는 것이다. 이런 결심은 우리가 기대하는 것만큼 효과를 거두지는 못한다. 더욱이 감동과 결심을 반복하는 것만으로 스스로 성장하고 있다고 믿는 경우가 생기는데, 이것은 매우 위험한 일이다. 이런 과정을 반복하는 것은 그 순간의 카타르시스, 그 이상 전진하지 못한다.

결심 후 실행에 옮기지 못하면 다음번 결심에는 더 큰 에너지가 필요해진다. 실행력을 얻지 못한 결심은 마음속에 두꺼운 상흔을 남기기 때문이다. 72시간의 법칙은 바로 이 지점을 가리키고 있다. 계기를 맞이하여 인식의 변화를 경험하고 결심을 한다 하더라도 72시간 내에 실행하지 않으면 모든 것은 수포로 돌아가고 만다. 결심의 순간에는 바로 이 점을 기억해야 한다.

인생을 결정짓는
세 가지 결심

인생은 우리에게 세 가지 질문을 던진다. 스스로 자신의 운명을 선택할 수 있는 세 번의 기회를 주는 것이다. '어떤 사람이 될 것인가', '어떤 일을 할 것인가', '어떻게 그 일을 할 것인가' 이 세 가지 질문에 대해 어떤 대답을 선택하는가에 따라 인생이 달라진다. 운명은 기회의 문제가 아니라 선택과 결심 그리고 실행의 문제인 것이다.

인생이라는 선은 선택이라는 점의 합이다. 선택은 그동안 내가 쌓아온 가치관의 결과물이다. 가치관은 내가 보고, 듣고, 배운 것들이 동화되고 체화되어 생긴 관점의 방향이다.

어떤 사람이 될 것인가(What to be?)

내가 만나본 대다수의 평범한 사람들이 성공을 위해 생각의 시작점을 '어떤 일을 할 것인가'로 잡는다. 그런데 성공한 사람들의 우선순위는 완전히 다르다. 그들은 '어떤 일을 할 것인가'를 결정하기 전에 '어떤 사람이 될 것인가?'를 먼저 결정한다. 그들에게 있어 '어떤 일'은 '어떤 사람'이 되기 위한 도구적 성격이 강하다.

그렇게 정한 '어떤 사람'이 되기 위해 그들은 의식적, 무의식적 노력을 끊임없이 이어간다. 이것은 인생의 목적의식과도 깊은 관계가 있으며 본인의 인격이나 인성을 전인격적인 방향으로 이끄는 중요한 방향 설정이 된다. 이러한 완성의 과정은 자신에 대한 자긍심을 심어주고 다른 사람들에게도 깊은 교훈과 영향을 주게 된다.

성공하는 사람들의 대답

1. 인격적으로 성숙한 사람이 되겠다.

2. 존경받는 사람이 되겠다.

3. 주위 사람들의 성공을 돕는 사람이 되겠다.

4. 주위 사람들의 가치를 높여주는 사람이 되겠다.

5. 긍정적 태도를 유지하는 사람이 되겠다.

6. 성실하고 정직한 사람이 되겠다.

7. 어떤 어려움에도 해결책을 찾고 그 일을 해결해 내는 사람이
   되겠다.

그들의 대답은 크게 두 가지 유형으로 나뉜다. 첫 번째는 자기관리에 관한 것이다. 스스로 보다 성숙하고 완성된 사람이 되기 위한 자기 통제와 관리를 목표로 삼는다. 이들은 시선을 멀리 던지며 하루하루를 성실하게 살아간다.

두 번째 유형은 주위 사람들을 돕는 데 집중하고 있다. 그들은 자신의 어려움을 해소하는 것을 넘어서 주위 사람들의 필요를 파악하고 그 필요를 충족시키며 그들의 가치를 높이려 하며 그들의 성공을 돕는다.

이 두 가지 유형을 아울러 생각해보면 그들의 목표가 사회적 성향이 강하다는 것을 알 수 있다. 지금 내가 있는 곳이 어디이며, 나는 어디로 나아가게 될 것인가, 그때 나의 역할은 무엇이고, 나는 세상에 어떤 선한 영향을 끼칠 수 있을까 등을 고민한다.

어떤 일을 할 것인가(What to do?)

일의 선택에 있어 가장 중요한 것은 선택의 기준이다. 어떤 기준에 의해 직업을 선택하느냐가 성공과 행복의 성취에 밀접한 상관관계를 갖는다. 직업이란 행복과 성공의 요소들을 이루어 낼 수 있는 수단이자 삶의 목적이 될 수 있다. 우리가 추구하는 행복의 요소들은 기본적으로 직업이라는 토대를 통해 이루어 나갈 수 있는 것들이다. 그렇기 때문에 행복, 성공이라는 일반적 논의에는 직업이라는 요소가 아주 깊게 개입된다.

사람들에게 좋은 직업의 조건에 대해 질문하면 거의 모든 사람들에게서 비슷한 대답이 나온다. 이상적인 직업이란 '일의 가치'와 자신의 '재능' 그리고 '적정한 보상'이 균형 있게 제공되는 일이라는 답변이다. 이 균형이 무너지는 것은 거의 다음의 두 가지에 해당한다고 할 수 있다. 소득이 높은 데 반해 가치가 낮은 경우라면 주로 범죄에 속하는 직업이고, 소득이 낮은 데 비해 가치가 높은 경우라면 그건 주로 성직자나 자원봉사 활동이 된다.

어떻게 할 것인가(How to do?)

성공하는 사람들의 공통된 패턴 중 하나는 주어진 일을 어떻게 할 것인가에 대한 태도다. 성공하는 사람들의 태도는 기본적으로 나를 둘러싸고 있는 사람들의 필요를 파악하고 그 필요를 충족시키며 그들의 가치를 높임으로써 그들의 성공을 돕는 일이다. 그 일에 전문가가 됨으로써 그 직업에서 롱런하게 되며 오랫동안 그 직업을 통해 경제적 보상도 받게 된다.

그들은 기본적으로 직업의 특성에 대해 정확히 이해하고 있다. 그리고 그것이 취미와 다른 점에 대해서도 명확히 이해하며 수행해 나간다. 직업이란 기본적으로 수입을 얻는 일이다. 수입을 얻기 위해서는 자기 자신의 필요가 아닌 고객, 동료, 상사, 조직의 필요를 채워주어야 한다. 또한 나의 일을 통해 그들의 가치를 높여주어야 한다.

특별한 경우를 제외하고는 좋아서 선택하는 일이 아니고 반드시 해야 하는 일이고 적당히 해서는 안 되는 일이다 보니 기본적으로 재미없고, 하기 싫고, 어려운 일인 경우가 대부분이다. 그렇기 때문에 하나의 일에 집중해서 전문가가 될 경우 그 분야에서 롱런하게 되며 계속해서 점점 더 큰 수입을 얻을 수 있다.

보험 영업도 마찬가지다. 고객의 필요를 파악하고 그 해결책을 제시하고 그 필요를 충족시키는 일이다. 그렇게 함으로써 고객에게 재정적 안정과 마음의 평화를 줄 수 있다.

이렇게 훌륭한 가치가 있는 반면 어렵고 때로는 하기 싫고, 재미있는 일이 아니기 때문에 책임감과 사명감이 필요하다. 이 책임감과 사명감은 모든 직업에 필요한 항목이며 성실을 유지해 낼 수 있게 하는 힘이 된다.

반면에 취미는 스스로 하고 싶어서 하는 일이다. 재미있는 일이라서 돈을 지불하면서 한다. 내가 좋아서, 내가 즐기기 위해 하는 것이다. 그런데 많은 사람들이 직업에 대해 재미가 없다고, 하기 싫은 일을 억지로 하고 있다고 불평한다. 직업에 대해 얘기하면서 실제로는 직업과 전혀 다른 메커니즘으로 이루어지는 취미에 대해 얘기하는 오류를 범하고 있는 것이다.

성공하는 사람들은 직업의 개념을 정확히 이해하고 직업과 취미를 혼동하지 않는다. 즉 직업이란 자기 자신의 필요가 아니라 고객, 동료, 상사, 조직의 필요를 충족시키며 가치 있게 하는 일이며 어려운 일이라는 사실을 명확히 이해하고 있다.

그들은 재미를 떠나 자신이 선택한 일을 매우 열심히 수행한다. 수입을 얻기 위한 일과 스스로 즐기기 위해 비용을 지불하면서 하는 일을 혼동하지 않는다.

직업 선택의 기준이 되는 두 가지 믿음

나는 경험을 통해 생명보험 영업으로 성공한 사람들의 직업 선택 기준에 공통점이 있다는 것을 발견했다. 그중 기본이며 기준이 되는 것은 두 가지 믿음이다. 하나는 그 일의 가치에 대한 믿음, 다른 하는 상품과 서비스에 대한 믿음이다.

믿음은 절대적인 것이다. 일말의 의심이나 의혹이 섞여 있어도 그것은 믿음이라 할 수 없다. 특히 이 일의 가치에 대해서는 신앙과도 같은 믿음이 필요하다. 성공한 사람들은 하나같이 이처럼 강렬하고 절대적인 믿음을 갖고 시작한 사람들이며, 적어도 처음에는 다소 부족했다 하더라도 중간에 믿음을 갖게 된 사람들이다.

일의 가치에 대한 믿음

1994년 12월의 어느 토요일 저녁, 나는 경기도에 사는 고객을 소개받아 보험 상품을 판매했다. 당시 그는 미혼이었고 약혼자가 같이 청약을 했다. 그들은 이듬해에 결혼했고, 두 사람 사이에 딸 둘을 두었다. 10년이라는 시간이 흘렀다. 어느 날, 그는 정기검진에서 폐암 말기 진단을 받게 되었다. 당시에 아이들의 나이는 여덟 살, 다섯 살이었다.

이들 부부는 물론, 나도 큰 충격을 받았다. 그가 술 담배도 전혀 안 하는 모범적인 가장이었던지라 더욱 그랬다. 의사는 그에게 6개월의 시한부 인생을 선고했다. 진단 소식을 듣고 달려갔을 때 그는 이미 무척 야위어 있었고 아직 어린 두 딸과 아내를 남겨두고 떠나야 하는 현실에 대해 절망해 있었다.

나는 내가 할 수 있는 일을 해야 했다. 계약조건에 따라 보험금의 절반을 지불했다. 보험금으로 달랠 수 있는 슬픔은 아니었지만 그나마 보험금이 없으면 이겨낼 수 없는 절망감이었다. 그는 생명보험 덕분에 안심하고 눈을 감을 수 있게 되었다며 고맙다는 말을 남겼다.

2년 후 그는 사망했다. 보험금은 남아 있는 가족의 생활비, 두 딸의 교육비, 가족들이 이사를 하지 않고 이웃과의 관계를 유지할 수 있게 하는 등 가족의 삶의 존엄성을 지켜내는 데 사용되었다.

이 일을 계기로 나는 더 큰 소명의식을 갖게 되었다. 가장이 없는 가정을 도울 수 있다는 것, 이것은 어떤 기준에서도 폄훼할 수 없는 절대적인 가치다. 사랑하는 사람과 자녀들을 위한 보장만큼 더 큰 준비가 어디 있겠는가.

150년이 넘는 보험 산업의 역사는 내게 "남편을 잃은 아내와 부모를 잃은 아이들에게 생활비를 지급하는 일보다 더 옳은 일이 있을까" 묻는다. 나는 이것과 견줄 만한 가치 있는 일들은 많지만 이것을 앞설 수 있는 일은 없다고 믿는다. 그래서 나는 이 일을 기꺼이 선택했다.

내가 보험 영험을 시작할 무렵, 보험의 이미지는 그다지 좋지 않았다. 심지어 보험 영업을 하면 결혼하기 힘들다는 얘기도 있었다. 하지만 나는 그 가치에 동의했고, 그것으로 충분했다. 보험 영업에 대한 사람들의 부정적인 이미지를 모르는 바 아니었지만 나는 큰 의미를 두지 않았다. 그들의 부정적인 인식을 바꾸는 것 또한 내가 해야 할 일이라고 생각했기 때문이다.

한번은 싱가포르인 동료와 싱가포르 공무원들이 일하는 방식에 대해 이야기를 나눈 적이 있다. 내가 싱가포르 공무원들이 세계적으로 칭찬받는 이유에 대해 묻자 그는 싱가포르 공무원들은 국민을 돕지 못해 안달이 나 있는 사람처럼 행동한다고 대답했다. 이유 또한 명쾌했다. 그들은 자신의 역할은 국민을 돕는 것이며 국민이 성공하는 것이 궁극적으로 국가에 공헌하는 일이라는 가치에 대한 확신을 갖고 있기 때문이라는 것이다.

성공하는 사람들은 자신이 하는 일이 갖고 있는 가치에 대한 확고한 믿음이 있다는 공통점이 있다. 운동선수, 탤런트, 영업사원, 공무원, 의사, 교사, 음악가, 미술가, 사업가 등 어떤 일이라도 이 점은 달라지지 않는다. 이 가치에 대한 믿음이 내면화될 때 우리는 우리 직업에 대해 스스로 당당하고 설득하려는 대상에게도 당당해진다. 그리고 거침이 없게 된다.

어떤 일이 어렵다는 것은 일의 강도나 난이도에 대한 평가일 수도 있다. 그러나 진정 어려운 일은 자신이 믿지 않는 가치를 남에게 설득시키는 일이다. 믿음과 다른 행동이 요구되기 때문이다. 특히 직업으로서 지속적으로 믿지 않는 가치를 다룬다는 것은 불행한 일이다. 설득력 없는 노력이 된다. 확신은 결심을, 결심은 용기를, 용기는 행동을, 행동은 결과를, 결과는 자신감과 성장을 가져온다.

상품과 서비스에 대한 믿음

두 번째는 자신이 다루는 상품 혹은 서비스에 대한 믿음이다. 이 부분에 있어서는 다음과 같은 등식이 성립된다.

$$설득력=사람+상품$$

자신의 상품이나 서비스가 상대방에게 매우 중요한 가치가 있고 반드시 도움이 된다는 믿음이 있을 때 당당함과 설득력을 갖게 된

다. 따라서 그 직업이 다루고자 하는 상품이나 서비스에 대한 믿음
이 성공하는 사람들의 직업 선택 기준의 필수 요소다.

지점장 시절, 함께 입사한 두 명의 에이전트가 있었다. 그중 A는
용기를 갖고 보험 영업 일을 시작했지만 상품과 서비스에 대한 믿음
은 좀처럼 생기지 않았다. 괜히 사람들에게 부담만 줄 것 같은 생각
에 고객 만나는 것이 주저된다고 했다. 그러다 보니 고객을 만나는
시간이 점점 줄어들게 되고 고객을 만나더라도 보장에 대한 이야기
가 아닌 사소한 이야기로 시간을 보내곤 했다. 그는 목소리에 힘이
없고 매사에 소극적이었다. 시간이 지남에 따라 자신감이 떨어지고
이 일이 자신에게 안 맞는다는 생각으로 가득 차게 되었다. 결국 그
는 일을 그만두게 되었다.

B 역시 용기를 갖고 보험 영업일을 시작했다. 그러나 A와 달리 B
는 자신이 제공하는 상품과 서비스가 자기 자신과 어려움을 당한 가
족들에게 어떤 것도 대체할 수 없는 도움을 줄 것이라는 확고한 믿
음이 있었다. 그는 늘 확신과 자신감에 차서 이야기를 하며 설사 자
신의 이야기를 받아들이지 않는 고객이 있더라도 실망하지 않았다.
그럴 때면 오히려 이번에는 자신의 설명이 충분하지 않았던 것 같다
며 다음 기회에는 반드시 보장을 전달하겠다는 결의를 다지곤 했다.
시간이 흐르면서 그의 자신감은 점점 커지고 그에 따른 성과도 증가
했다. 그는 지금도 자신의 일이 가치 있는 직업이고 잘 선택한 직업
이라고 자부하며 이 일을 하는 것을 당당하게 여기며 즐겁게 일하고

있다.

이것이 제공하는 상품과 서비스가 갖고 있는 가치에 대한 믿음의 크기가 만들어 내는 결과의 차이다.

세일즈맨에게 필요한 세 가지 믿음

신성호 MDRT 회장은 15년 동안 연속해서 MDRT를 달성했고 그 중 7년은 MDRT의 3배 실적인 COT 달성, MDRT 15년차 회원인 Honor Roll Member까지 되었다. 이처럼 놀라운 성과가 가능했던 것은 생명보험 업계에 첫발을 들일 때부터 그가 가지고 있었던 세 가지 믿음이 확고했기 때문이다.

첫째, 자신이 속한 회사에 대한 믿음이다. 자신이 검증에 검증을 거쳐 결정한 회사라면 믿어야 한다. 회사의 비전과 가치에 공감하고 매년 제시하는 전략에 동참해야 한다. 그래서 그는 매년 실시하는 사내 콘테스트에 입상하여 가족에게 자신이 속한 회사가 어떤 회사인지 알려주곤 했다. 아이들이 아빠가 속한 회사의 팬이 될 때 아빠의 자긍심도 올라간다.

실제로 신성호 회장의 아이들은 초등학교에 들어가기 전부터 회사 컨벤션에 참석하여 회사에 대해 알게 되었고 아빠의 동료들도 알게 되었다. 이따금 그들의 안부를 묻기도 하고 다음해 컨벤션 장소에 대해서 궁금해 하며 관심을 갖기도 했다. 자녀들이 아빠가 몸담고 있는 회사에 대한 관심을 갖는다는 것은 그 자체만으로도 응원이 된다.

둘째, 자신을 교육하고 이끌어주는 매니저에 대한 믿음이다. 처음 푸르덴셜에 입사했을 때 그는 스스로를 '푸르키즈(Pru-Kids)'라 생각했다고 한다. 새로운 곳에서 새로운 일을 한다면 우리는 모두 그곳에서 어린아이고 초보자다. 길을 모르는 곳에 갔을 때 그곳 지형을 잘 아는 가이더를 믿고 따라야 하는 것처럼 전적으로 믿어야 할 대상이 바로 가이더 역할을 하는 매니저다.

신성호 회장이 처음 이 일을 시작할 때 그에게는 두 명의 매니저가 있었다. 직업에 대한 확신과 정기적인 점검으로 그가 가는 길을 조정해주는 지점장과 매일, 매순간을 함께하며 가정방문하여 저녁 늦은 시간까지 상담이 이어져도 끝날 때까지 사무실에서 기다리거나 전화를 기다리며 응원하는 부지점장이었다. 그는 자신이 영업에 처음 발을 들여놨을 때 이 두 사람을 만난 것이야말로 큰 행운이었다고 말한다. 그들은 항상 신 회장을 믿어주었고 신 회장 역시 그들에 대해 절대적인 믿음을 갖고 있었기에 서로에게 큰 힘이 되었다.

셋째는 자기 자신에 대한 믿음이다. 사회에 나올 땐 누구나 좋은 직장에 가고 싶어 하고 누구나 그곳에서 인정받고 싶어 한다. '현재'라는 영어 단어 'present'는 '선물'이라는 뜻도 갖고 있는 것처럼, 내가 정한 직장이라면 그곳이 내게는 최고의 선물이 되어야 한다. 또한 지금 이 시간이 내게 주어진 최고의 선물임을 알고 현재 주어진 일에 최선을 다한다면 분명 그 사람은 어느 곳에 있든지 인정받을 수밖에 없고 그에 따른 보람을 느끼게 된다.

굴곡 없는 삶은 없다. 주어진 일에 최선을 다할 때 인정과 보상이 따라오게 되고 여기서 보람과 재미를 느끼게 되면 일을 지속할 수 있는 힘을 갖게 된다. 이 또한 경험의 반복 곧, 작은 성공의 반복이 가져다주는 선물인 것이다.

적성에 맞는 일 vs.
적성에 맞지 않는 일

성공하는 사람들의 공통점 중 하나는 직업을 선택할 때 자신의 적성에 맞는 일을 선택한다는 것이다. 적성은 재능으로 이어진다. 자신에게 맞는 일을 할 때 사람은 가장 즐겁고 편안하며 효율적이다. 같은 시간과 노력을 투입해서 일하더라도 적성이 맞으면 학습과 반응 시간이 빨라진다. 더 빨리 이해하고 더 빨리 움직이며 완성도가 높다. 주변의 인정을 받으며 흥미와 자신감을 충전하고 다시 더 높은 효율을 내는 선순환으로 자신의 재능을 꽃피운다.

재능은 우리가 살아가는 과정 속에서 맞이하는 여러 상황 즉, 여러 분야의 직, 간접 경험을 통해서 발견된다. 다양한 분야에 대한 경험이 많을수록 자신의 재능을 발견할 확률도 높아진다. 경험이 풍부할수록 세상을 보는 안목도 높아지고 자신이 진정으로 즐겁게 일할 수 있는 분야에 다가갈 기회도 많아진다.

재능이 없는 일을 선택할 경우

자신과 맞지 않는 일을 선택할 경우, 시간을 낭비하게 될 뿐만 아니라 다른 분야에서 성과를 낼 수 있는 기회를 잃어버리게 되므로 이중 손실이 발생한다. 나아가 개인적으로 인생을 낭비하는 것에 더해 사회적 손실이라고 할 수 있다.

나는 채용 인터뷰를 진행할 때 이 부분에 대해 중점을 두고 그 사람의 적성과 재능을 파악하려고 노력해왔다. 직업을 바꾸는 것, 성공할 가능성이 높은 직업을 선택하는 것은 개인과 그 가족, 그가 속한 지역사회, 나아가 국가를 위해 매우 중요한 일이기 때문이다. 사람은 누구나 인정받고 싶은 욕구가 있다. 인정은 자신감으로 연결되기 때문에 지속적으로 열정을 유지하면서 일을 할 수 있게 하는 원동력이 된다.

영업은 외향적인 사람들이 하는 일이라는 것이 일반적인 생각이지만 이것은 사실과 다르다. 성공한 에이전트 중에 내성적인 성격의 소유자가 의외로 많다. 심지어 남 앞에 서는 것을 두려워하고 말 한마디를 해도 상대방의 기분을 살펴가며 조심스럽게는 사람도 많다.

내성적이다, 외향적이다 하는 성향적 기준은 큰 의미가 없다. 직업에서 중요한 것은 나 자신과 제공하는 상품과 서비스의 가치에 대한 확고한 믿음이 있느냐 하는 것이다. 그리고 그것을 어떠한 어려움이 있더라도 끝까지 해낼 수 있느냐에 대한 잠재적 능력인 것이다. 이것이 바로 적성이다.

재능과 업무의 상관관계

어떤 분야에 재능이 있다는 것은 과거의 성과에 대한 실제적 결과와 인정, 타인 또는 자기 자신이 잘할 수 있다는 믿음이 있는 상태를 가리킨다. 일반적으로 인정은 흥미를 유발하고 그 분야를 더 좋아하게 만들며, 전공이나 직업을 그 분야로 선택하게 하는 중요한 척도가 된다.

나는 사람을 채용할 때마다 2시간씩 3회에 걸쳐 업무에 관한 정보를 제공하고, 2회에 걸쳐 4시간의 집중 인터뷰를 진행한다. 인터뷰의 평가 항목은 자기 자신에 대한 믿음, 생명보험 가치에 대한 믿음, 인상, 소통능력, 자기 동기부여, 성실성, 수용성, 고난극복능력, 과거의 성공사례, 감수성 등 아홉 가지다. 이 아홉 가지 항목은 이 분야와 후보자의 재능과 업무의 상관관계를 밝혀내는 데 집중되어 있다. 나는 두 명 이상의 매니저와 함께 준비된 질문을 하고 응답하는 과정을 통해 후보자가 갖고 있는 과거의 성공과 실패에 대한 경험을 검증하고 철저히 분석한다.

인터뷰 결과는 다음 세 가지로 나타난다.

1. 재능에 대한 본인의 평가와 실제 재능 평가가 일치하는 경우

2. 본인은 재능이 있다고 평가하는데 실제는 재능이 없는 경우

- 왜곡된 평가에 의해 사실이 아닌 믿음이 형성된 경우

- 그 일의 가치에 대한 믿음이 너무 커서 본인이 하고 싶어 하는 경우

- 좋아하는 것과 잘할 수 있는 재능이 분리되어 있지 않은 경우

3. 본인은 재능이 없다고 평가하는데 실제는 재능이 있는 아주 드문 경우

2, 3의 경우는 그 분야에 대한 경험이나 지식이 부족했을 때 주로 나타난다. 이 경우 본인의 판단을 가능하게 하는 정확한 지식이나 정보를 습득해야 하며, 전문가의 판단 및 조언이 필요하다.

선택의 가치와
즐거움을 높이는 법

심리학자들은 우리가 하루에 6만6천여 가지의 생각을 한다고 한다. 그리고 그 생각들 대부분은 정신적, 감정적으로 과거에 집착하는 경향이 있다. 이런 경향은 관성을 만들어 낸다. 모든 면에서 우리는, 특별한 자극이나 변화 없이는 과거에 하던 스타일을 고수하게 된다는 얘기다. 인간의 본성은 우리가 의식적으로 반대 상황을 선택하고 결정하지 않으면 항상 같은 것들만 유지하려 한다. 선택도 하나의 변화이며 용기다.

일이 어려울수록 기회는 오히려 많아진다

선택이란 도전과 모험을 뜻하기도 한다. 성공하는 사람들의 대부분은 80:20의 법칙에서 20%에 속하는 사람들이다. 그들은 성장과 성취를 필요로 하며 여기에는 반드시 도전이 수반된다.

　많은 사람들이 좋아하고 하고 싶어 하는 분야는 더 큰 재능과 더 치열한 경쟁을 요구하게 마련이다. 이런 곳에서는 아주 특별한 재능을 가진 소수만이 성공할 수 있다. 승자의 자리는 몇 개 안 되는데 원하는 사람이 많다면 경쟁은 치열할 수밖에 없고, 얻는 사람이 적은 만큼 얻지 못하는 사람은 많을 수밖에 없다.

　영업직의 경우, 직업으로서 부정적인 이미지가 있다. 무엇보다 일 자체가 쉽지 않다고 여기는 분위기다. 그 중에서도 보험은 더한데, 아무도 이야기하고 싶어 하지 않는 죽음에 관한 이야기를 포함하며 판매하는 상품 또한 보이지 않는 무형의 가치인지라 다른 상품에 비해 판매에 어려움이 많다. 또한 과거 보험 영업자들의 부정적 이미지가 합해져서 보험의 본질인 어려움을 당한 가정에 꼭 필요하다는 사실에 접근하는 것을 방해하기 때문이다.

　그런데 생각하기에 따라서는 전혀 다른 관점의 접근이 가능하기도 하다. 일이 어렵고 사람들이 꺼린다는 것은 그만큼 성공의 기회가 많다는 것을 의미한다. 성공하는 사람들은 이 원리를 이해하고 용기를 내서 도전한 사람들이다. 그리고 그 용기에 대한 대가를 받은 사람들이다.

　정상의 위치에 있는 프로골퍼들에게 골프라는 운동이 쉬웠으면 좋겠냐는 질문을 한다면 어떤 대답이 돌아올까. 그들의 대답은 우리가 이미 알고 있다. 어려운 과정을 통해 이루어 낸 성취는 쉽게 경쟁을 허락하지 않는다. 내공이란 진실된 노력과 그 결과로서의 성공과

실패의 축적을 통한 효율의 일정 수준의 완성 상태를 의미하며 이것
은 매일매일의 성실한 노력을 필요로 한다. 내공이란 하루아침에 쌓
이는 것이 아니기 때문이다.

경제적 보상이 주어지는 일

나는 많은 사람들에게 좋은 직업의 조건에 대해 질문을 해왔다.
그들에서 얻은 공통적인 대납은 식업의 가치 그리고 소득, 이 두
가지로 압축되었다. 즉, 이상적인 직업이란 일의 가치와 적정한 보
상이 제공되는 일이라는 것이다.

성공하는 사람들은 노력한 만큼 경제적 보상이 제공되는 일을 선
택했다는 공통점이 있다. 물론 순간적 보상이 아닌 전체 기간에 대
한 노력과 보상의 관계를 의미한다. 즉 '공헌=보상'이라는 등식의
성립을 가능하게 하는 직업을 선택해 자신의 삶을 윤택하고 가치 있
게 완성했다는 데 주목할 필요가 있다.

성공하는 사람의
마 음 습 관

성공하는 사람들은 긍정적 태도의 소유자들이다. 그들은 자신이 성공할 수 있는 능력이 있다는 믿음의 토대 위에 긍정적 태도라는 기둥을 세운다. 긍정적 태도는 우리의 삶에 대해 결심하게 한다. 긍정적 태도는 성공을 위해 기꺼이 대가를 치르려는 용기를 갖게 한다. 이것은 바로 인생의 목적의식에 관한 이야기다.

"나의 탄생에는 특별한 목적이 있다. 나는 매우 중요한 존재다. 나는 내 삶을 위대한 작품으로 만들겠다. 나는 성실하고 정직한 노력으로 남을 도울 수 있으며 그것의 결과로서 나는 성공할 수 있다. 나는 성공을 위해 적절한 대가를 치를 준비가 되어 있다."

목적의식이 분명한 사람들은 이런 생각의 흐름을 갖는다. 그리고 그 흐름 위에 성공의 물결을 그려 넣는다.

즉각적으로 반응하는 마음의 습관

태도는 어떤 현상, 환경, 사건의 발생에 대한 해석의 정신적 습관이다. 그 습관에 따라 긍정적 사고방식을 갖기도 하고 부정적 사고방식을 갖기도 한다.

습관이란 의식적 혹은 무의식적 사고 또는 행동의 반복으로 인해 새로운 결심의 과정 없이 즉각적으로 그 방향으로 사고하거나 행동하게 되는 단계 이상을 의미한다. 그 습관이 부정적이었으면 부정적 사고방식, 긍정적 반복이 있었으면 긍정적 사고방식을 갖게 된다.

긍정적인 태도를 갖고 있는 사람은 같은 사람을 보더라도 장점이나 잘하는 점을 보고 그 사람의 내면에 잠재되어 있는 역량을 찾아내려 하는 반면 부정적인 태도를 갖고 있는 사람은 타인의 단점이나 부족한 점에 집중하며 습관적으로 비난할 만한 거리를 찾는다.

문제 발생에 대한 반응도 각기 다르다. 긍정적인 태도의 소유자는 어떤 문제가 생겼을 때 입체적인 해석으로 접근하며 해결점을 찾는 데 집중한다. 이들은 언제나 문제 해결을 중심으로 사고하고 행동한다. 더 나은 상황으로의 해결책을 모색하고 문제의 개선방법을 찾는다. 많은 어려움이 예견될지라도 그들은 낙관적인 생각으로 포기하지 않고 나아간다.

반면에 부정적인 태도의 소유자들은 문제에 대해 순간적이고 부분적으로 해석하는 습성이 있다. 문제 발생에 관련해 잘못한 것은 누구인지가 이들에게 중요한 의미를 지니며 문제의 해결보다 상황 그 자체에 집중한다. 결국 서로 비난하고 낙담하여 상황을 개선해 나가는 것조차 포기해버리고 만다.

나의 긍정도 체크하기

대상	긍정적 태도	부정적 태도	셀프 체크
사람에 대한 반응	장점, 잘하는 점, 잠재적 가능성을 찾는 태도	단점, 잘못하는 점, 비난할 점을 찾는 태도	나는 처음 사람을 만났을 때 어떤 태도를 갖는가?
문제 발생에 대한 반응	해결책을 찾는 태도/입체적 해석, 해결 중심	문제 발생에 대해 잘못을 찾는 태도 / 순간적 부분적 해석, 상황 중심	나는 상황 중심의 사람인가?
상황에 대한 반응	더 나은 상황으로의 해결책을 모색, 개선, 낙관	비난, 낙담, 포기	나는 어떤 환경이라도 개선될 수 있다고 믿고 방법을 모색하는가?

고아계약에 손을 내밀 수 있게 하는 힘

성공은 행동을 통해서만 성취되기 때문에 긍정적 사고방식은 긍정적인 행동을 이끌고 이 긍정적인 행동은 긍정적 결과를 낳는다. 성공을 위해서는 긍정적 사고방식이 필수적이다.

2003년, 나는 푸르덴셜생명 필리핀의 영업총괄 담당임원 직을 수행하고 있었다. 당시 해결해야 할 과제 중 하나가 고아계약(Orphan Policy)에 대한 후속조치였다. 고아계약이란 설계사가 회사를 퇴사할 경우, 그가 관리하던 계약을 다른 설계사 누구도 이전받으려 하지 않아 담당 설계사가 없어 계약자 관리가 되지 않는 상태의 계약을 가리킨다. 당시 필리핀 설계사들 사이에는 다른 설계사의 계약을 이전받을 경우에 들어가는 노력에 비해 돌아오는 혜택은 적다는 부정적 인식이 팽배해 있었다.

나는 전체 설계사가 한 자리에 모일 수 있는 프로그램을 마련해서 한국에서 당시 MDRT COT 멤버였던 신성호 회장을 초청했다. 신성호 회장은 항상 고객 중심의 경영철학에 동의, 공감하는 것으로 잘 알려져 있는 보험재정 상담사였을 뿐 아니라 그 철학을 철저히 실천하는 사람으로 정평이 나 있었다.

그날 신 회장은 계약을 이전받았을 경우 고객의 입장, 보험재정 상담사의 미래에 잠재적 혜택 등에 대해 의미 있는 강연을 해주었다. 특히 고객들에게 있어 담당 설계사가 회사를 그만두고 없다는 것은 고객들에게 회사나 설계사가 제공할 수 있는 서비스가 중단될 수 있고, 나아가 보장이 중단될 경우 남아 있는 가족의 삶의 존엄성이 훼손될 수 있다는 사실을 강조했다. 즉, 생명보험의 가치, 계약

이전과 이후의 설계사들에게 돌아올 미래의 긍정적 영향에 대해 강연했다.

결과는 놀라웠다. 강연 다음날, 계약 이전을 기다리는 모든 계약에 대해 이전 신청이 들어왔다. 그날 이후, 필리핀에서는 계약 이전 건으로 문제가 생기는 일이 전혀 없었다. 흔들림 없는 신성호 회장의 철학이 필리핀 설계사들에게 큰 감동을 주었던 것이다.

그때 내가 고아계약에 대한 부정적인 인식이나 설계사들의 선입견 자체를 바꾸려 했다면 그 프로그램은 실패로 돌아갔을지도 모른다. 인식을 바꾸라고 목소리를 높이는 것만으로는 인식을 바꿀 수 없기 때문이다.

인식의 체계를 바꾸기 위해서는 그 사람의 무의식 깊은 곳을 두드려야 한다. 그 마음속에 작은 돌멩이 하나만 떨어뜨려 주면 그 중심에서 생긴 파문이 점차 커지며 스스로 인식의 전환을 도모하게 되는 것이다. 신성호 회장은 생명보험의 가치와 회사의 경영철학을 온전히 자신의 것으로 체화해 나누려 했기 때문에 그 작은 돌멩이 역할을 할 수 있었던 것이다.

칼날을 보느냐, 손잡이를 보느냐

2001년도 6월, 나는 캐나다 토론토에서 열리는 MDRT 연차총회에 참석하고 있었다. 둘째 날 아침, 아침강연에서 나는 놀라운 광경을 목격했다.

체격이 왜소한 강사가 외발자전거와 50cm 정도 되는 칼을 몇 자루 들고 등장했다. 칼은 멀리서 보기에도 날카롭게 번쩍였다. 그는 칼로 당근을 썰어 보였다. 칼을 대자마자 당근은 바로 매끄럽게 잘려 관중석을 향해 날아갔다.

그는 외발자전거 안장 위에 올라앉았다. 서커스에서나 보던 바로 그 외발자전거다. 그리고는 잠시 균형을 잡는가 싶더니 여러 자루의 칼을 가지고 저글링을 시작했다. 여기저기서 걱정 섞인 탄성이 쏟아져 나왔다. 하지만 그는 한 치의 망설임도 없이 자유자재로 저글링을 하는 묘기를 선보였다.

그 자리에 모인 7천여 명의 관중은 숨을 쉴 수가 없었다. 혹시 그가 자전거에서 떨어지지 않을까, 실수로 날카로운 칼에 베이지나 않을까, 칼을 놓치지는 않을까 걱정스러운 표정이었다. 하지만 그의 퍼포먼스는 완벽했다. 치밀하고도 아름다웠다.

그는 짧지만 강렬한 메시지로 강연을 마쳤다.

"저는 수줍음이 많은 사람입니다. 저는 두려움도 많고 특히 고소공포증도 있습니다. 이 공연을 벌써 여러 번 했지만 공연을 시작할 때마다 저는 두렵습니다. 그렇지만 보시다시피 저는 아직 살아 있고 오늘의 퍼포먼스도 멋지게 해냈습니다. 이렇게 두려움이 많고 수줍은 제가 이 공연을 해낼 수 있는 비결은 딱 한 가지입니다. 저글링을 할 때 저는 절대로 칼날을 보지 않습니다. 저는 항상 손잡이

만 봅니다."

　세상의 모든 일은 칼날과 손잡이로 이루어져 있다. 문제는 칼날을 보느냐, 손잡이를 보느냐에 달려 있다. 똑같은 상황이 주어졌을 때 어느 쪽으로 선택할지는 개인의 선택 즉, 태도의 문제인 것이다.

Summary

성공의 패턴 제2단계

결심

1. 성공은 행동을 통해서만 현실화된다. 결심은 생각의 끝이며 행동의 시작점이다.

2. 계기를 맞이하여 인식의 변화를 경험하고 결심을 한다 하더라도 72시간 내에 실행하지 않으면 모든 것은 수포로 돌아가고 만다. 결심 후 실행에 옮기지 못하면 다음번 결심에는 더 큰 에너지가 필요해진다.

3. 성공하기 위해서는 '어떤 일을 할 것인가'를 결정하기 전에 '어떤 사람이 될 것인가'를 먼저 결정해야 한다.

4. 성공하는 사람들은 직업 선택의 과정을 거쳤으며 공통된 직업 선택 기준을 갖고 있다.

- 일과 상품 및 서비스의 가치에 대한 확고한 믿음

- 자신의 적성에 맞는 일

- 남들이 잘 시도하지 않는 일

- 노력에 대한 정당한 경제적 보상이 있는 일

5. 성공하는 사람들은 직업의 개념을 정확히 이해하고 직업과 취미를
   혼동하지 않는다. 즉, 직업이란 자기 자신의 필요가 아니라 고객,
   동료, 상사, 조직의 필요를 충족시키며 가치 있게 하는 일이며 어
   려운 일이라는 사실을 명확히 이해하고 있다.

6. 남편을 잃은 아내와 부모를 잃은 아이들에게 생활비를 지급하는
   일보다 더 옳은 일이 있을까? 이것과 견줄만한 가치 있는 일은 많
   지만 이것을 앞설 수 있는 일은 없다.

7. 세상의 모든 일이 칼날과 손잡이로 이루어져 있다. 똑같은 상황이
   주어졌을 때 칼날을 보느냐, 손잡이를 보느냐는 개인의 선택에 달
   려 있다.

직업적 만족도를 높이는 4가지 포인트

2001년 1월 5일, 내가 생명보험인으로서 영업을 시작한 첫날이다. 나는 직업에 대한 확신과 열정으로 충만해 있었다. 경마장에서 뛰쳐나갈 순간을 기다리는 말처럼 주체할 수 없는 에너지가 충전되어 있었다.

초기 3개월은 40명의 입사동기들끼리 순위를 정해 시상하는 베스트 루키 제도가 있었다. 당시 회사에는 연금이나 건강보험이 없었기에 대부분의 상품은 종신보험이었다. 나는 3개월간 계약건수 147건, 주당 평균 12건이 넘는 실적으로 루키 챔피언이 되었다. 입사 6개월 만에 생명보험업계 명예의 전당인 MDRT를 달성하고 만 36개월 만에 최고의 직급(Career Path)인 Executive Life Planner를 달성했다.

이 시기에 나의 평균 수면시간은 4시간에 불과했다. 그러면서도 나는 피곤한 줄 몰랐고 하루하루 즐거움이 넘쳤다. 나의 선택과 결단에 대한 신념, 직업적 성취 및 발전에 대한 보람으로 만족스런 생활이 계속되었다.

은행원으로 전형적인 샐러리맨 생활을 하다 세일즈맨으로 직업을 전환한 뒤 많은 변화가 생겼다. 가장 먼저, 해마다 은행장 신년 훈시에서나 듣던 "주인의식"의 중요성을 몸으로 느끼게 되었다. 누가 시키지 않아도 날마다 아침 일찍 출근하고, 저녁 늦게까지 일하고, 하루 종일 한순간도 숨 돌릴 틈 없이 전화를 하고, 약속을 잡고……. 한마디로, 내가 내 일을 주도적으로 하다보니 할 일을 스스로 찾아 하게 된 것이다.

그러다 보니 도무지 쉴 틈이 없었다. 그런데 신기하게도, 몸은 힘들지만 지치지 않는, 피곤하지만 무기력해지지 않는, 직장생활에서 느낄 수 없었던 새로운 경험을 하게 되었다. 힘들수록 내가 최선을 다하고 있다는 생각이 강해졌고, 피곤할수록 보람된 하루를 보냈다는 긍지가 솟아났다.

하지만 이런 과정 또한 실적이 따라주지 않으면 오래지 않아 지치고 만다. 입사 초반에 신이 나서 달려 다니던 동료와 후배들이 성과를 얻지 못하면 시간과 더불어 심드렁해지는 것을 수도 없이 보아왔다. 내가 지금까지 꾸준한 활동을 지속할 수 있는 것은 직업적 가치에 대한 믿음 덕분이라는 것을 깨닫게 되었다.

시간관리

영업의 길로 들어선 지 17년차, 실적이 안 나서 또는 업무 스타일에 적응을 못하고 그만두는 수많은 동료들을 보면서 나는 일을 그만두는 데도 일련의 과정이 있다는 것을 발견하게 되었다. 그것의 핵심은 누구와 함께 시간을 보내느냐에 있었다.

동료들끼리 모이면 할 말이 너무 많다. 날마다 정글 같은 필드에 나가서 거절당하는 것으로 하루를 시작하는 상담을 하려니 얼마나 많은 사연이 있겠는가. 세일즈맨이라면 안 겪어본 사람이 없으니, 말 그대로 순식간에 공감대가 이루어진다. 한번 말이 터지면 끊임없이 아픈 스토리들이 터져 나오고 나뿐만 아니라 동료들도 같은 아픔을 느끼고 있다는 동병상련에 마음의 위안을 얻는다. 그러다 보면 한두 시간이 훌쩍 지나가버린다.

그런데 그런 시간이 고객을 만나야 할 시간이라면 말이 달라진다. 마음의 위안은 얻을 수 있을지언정 상담 횟수가 줄어들면 당연히 계약 건수도 줄어들기 때문이다. 그렇게 되면 마음에 불안이 자리를 잡게 되어 혼자 있는 시간이 많아지고, 업무가 정체되며 이유와 핑계가 끝없이 늘어난다. 그러다 보면 면목이 없고 미안해서 매니저의 전화를 피하게 된다. 문자 메시지에 대한 답신도 안 하고, 고객에게 전화하는 일은 더 자신이 없어지면서 영업이 자신의 적성에 안 맞나 보다 하는 생각이 생기게 되는 것이다.

이런 순환 고리 안에 갇히면 빠져나오는 것이 쉽지 않다. 이때는 처음에 마음잡고 시작하는 것보다 더 큰 결단과 더 많은 에너지가 필요하다.

조직이나 업무 스타일에 적응하지 못하고 떠나는 동료들의 상당수가 이런 과정을 거친다. 정말로 큰 좌절을 겪거나 죽어도 영업을 못하겠다는 판단으로 떠나는 사람은 얼마 되지 않는다.

다행히도 나는 17년째 꾸준한 성과를 내면서도 가족과 보내는 시간은 해마다 커지고 있다. 내게는 긍정적 태도라는 든든한 기둥이 버티고 있기 때문이다. 영업직에 들어온 뒤 초기 3년간 형성된 삶의 자세가 몸에 체화되어 습관이 되고, 내 것이 되고, 내가 된 것이다.

주인의식

은행원 시절은 급여생활자였다. 아무리 열심히 일해도 공헌에 따른 보상이 없던 시절이라 허투루 시간을 보내며 안일하게 일하는 사람들과 같은 급여를 받아야 했다. 물론 남보다 먼저 승진하는 영광은 누렸지만 기쁨도 잠시뿐이었다.

어느 조직이나 마찬가지겠지만, 같은 지점에서 일하는 사람들 중에 한두 명은 꼭 요령을 피우고 쉽게 일하려는 모습이 눈에 비쳤다. 그러면 열심히 일하는 사람들은 손해를 보는 것 같은 기분이 들게 된다. 나 또한 그들을 보며 '이 정도면 됐지' 하며 적당주의와 타협하는, 그저 그런 직장인으로 변해가고 있었다. 그러다 지점장이 야근이 필요한 일이라도 시키면 내색은 하지 않았지만 싫은 마음은 어쩔 수가 없었다. 그런 나 자신을 보며 이런 게 바로 급여생활자의 한계인 걸까 하는 자문을 해보기도 했다.

그러다 직장을 영업직으로 옮겼다. 상품을 판매해야만 그에 따른 수당을 받을 수 있는 구조다. 초창기 연수보조금 수령시기를 지나면 상품을 판매할 때만 그에 따른 수당이 지급되는 구조(C=C; Contribution=Compensation) 안에서 일하게 된다. 이는 영업인들에게 무거운 압박감인 동시에 무한한 지평을 열어주는 기회가 된다. 노력하면 노력한 만큼 보상을 받을 수 있고, 다른 사람과 비교당하지 않아도 되며, 나 자신을 스스로 컨트롤하며 일할 수 있다는 즐거움은 샐러리맨 생활에서는 상상할 수도 없는 것이었다.

초기 3년 동안, 나는 한 번도 매니저에게서 "왜 활동 안 하느냐?" "왜 상담 후 사무실에 귀사하지 않느냐?" "왜 실적보고를 하지 않느

냐?” “왜 다음 주 약속을 잡지 않느냐?” 등의 말을 들어본 적이 없
다. 보통 하루에 5~10명의 가망고객을 만나고 사무실에 돌아와 그
날 만났던 가망고객들에 대한 상담내용을 정리하고 다음날 만날 고
객에 대한 상담 자료를 준비하다 보면 일찍 퇴근하는 것은 거의 불
가능했다.

하지만 그 외중에도 나는 가능한 한 자정 전에 귀가하려고 애를
썼다. 당시 한 살, 여섯 살이던 두 딸이 잠을 안 자고 아빠를 기다리
고 있었기 때문이다. 30분이라도 아이들과 놀아주려면 더 빨리, 더
부지런히 일해야만 했다. 일요일에도 쉴 짬은 없었다. 아침 일찍 교
회에 가서 청소년학생부 교사로 일했고, 이후 맡고 있던 다른 봉사
활동도 제대로 소화하려면 몸이 두 개라도 부족할 판이었다.

그러던 어느 날, 나는 문득 깨달았다. 7일 동안 하루 12~16시간
씩 일하는 생활을 반복하는 것은 육체적으로 충분히 힘든 일이었다.
그럼에도 나는 전혀 힘들지 않았고 오히려 하루하루가 즐거운 느낌
으로 충만했으며 날마다 새로운 만남에 대한 기대감으로 설렜다. 나
는 곰곰 그 이유를 생각해 보았다. 어렵지 않게 답을 찾을 수 있었
다. 그것은 바로 내가 하는 일이 누군가의 지시에 의한 것이 아닌 내
스스로 선택한 것이기 때문이었다. 그것은 주인의식에서 나온 자발

적 에너지의 발산이었고, 바로 그 때문에 부정적인 생각이 비집고
들어올 틈을 허락하지 않았던 것이다.

몰입

영업생활 초기 3년, 나는 신문, 뉴스, 드라마, 영화를 본 적이 거의
없다. 하루 평균 15시간을 일하다 보니 그런 것에 관심을 가질 여유
가 없었다. 당시엔 설계사 업무가 지금보다 단순해서 변액상품을 비
롯한 다양한 금융상품이 없던 시절이라 경제관련 기사에도 관심을
갖지 않았다.

당시 어떤 선배가 내게 물었다. "어떻게 시사를 모르고 상담을 하
지?" 내 대답은 간단했다. "시사에 대해서는 고객에게 묻습니다." 실
제로 그랬다. 그리고 그것은 오히려 나의 영업활동에 도움을 주었
다. 고객은 자신이 잘 알고 있는 내용을 설명하느라 자연스럽게 면
담 분위기가 잡혀 그런 이야기가 오히려 상담의 윤활유 역할을 해주
었다.

나는 상담을 갈 때도 곧 만나게 될 고객을 떠올리며 자녀들의
이름을 외우거나 상담의 흐름을 구상하곤 했다. 사무실에 있을 때
도 마찬가지였다. 누군가가 회사에 대하여, 매니저에 대하여, 상품

에 대하여, 직업에 대하여 부정적인 말을 꺼낼라치면 나는 조용히 그 자리를 피하곤 했다. 나 역시 동료들과 나누고 싶은 이야기가 많았지만 나는 이미 영업직을 선택했고, 여기서 뿌리를 내리려면 초기 활동이 중요한데 그런 일에 에너지를 빼앗기고 싶지 않았던 것이다.

그렇게 나는 나와 일과 고객에게 완전히 몰입해 있었다. 그것이 내 안의 긍정 에너지를 일깨우고 긍정적 태도를 꾸준히 유지하게 하는 저력이 되었다.

갈등관리

개인에 따라 다르겠지만 한 사람이 하루에 쓸 수 있는 물리적, 시간적 에너지의 총량은 정해져 있는 것 같다. 그래서 자신의 가치관에 따른 우선순위를 정해서 하나씩 또는 한번에 여러 가지를 처리해 나간다. 이때 에너지를 가장 많이 소진하게 만드는 것이 다른 사람과의 관계에서 겪는 갈등이다.

사람과의 갈등은 기본적으로 관점이나 입장의 차이에서 비롯된다. 자신에 대한 인식이 부족한 데다 상대방에 대한 이해 부족이 보태지면 타협점을 찾기가 쉽지 않다. 이런 상태에서 시간이 흐르면 갈등의 골이 깊어질 수밖에 없고, 이는 특별한 계기가 없는 한 상대방에 대한 부정적인 인식으로 고착된다.

내가 중요하게 생각하는 삶의 자세 중 하나가 인사를 잘하는 것이다. 비용도 안 들면서 상대방에게 좋은 이미지를 심을 수 있는 가장 좋은 방법이기 때문이다. 여기서의 인사는 직접 얼굴을 보고 하는 인사만을 의미하는 것은 아니다. 선물을 받았을 때 전하는 진심 어린 감사, 선물을 할 때도 가격보다는 정성을 담으려는 마음, 문자 메시지 하나를 받아도 정성스럽게 보내는 답글 등을 포함한다. 예를 들어 지인의 축하 메시지를 받으면 최소한 답글은 축하 메시지보다 길게, 정성 들여 쓴다.

사람마다 스타일이 달라서 내가 보낸 정성스런 글에 성의 없는 회신이 오거나 답글이 없을 때도 있다. 하지만 이때도 슬퍼하거나 노여워하면 안 된다. 나는 그저 남을 기쁘게 하는 일을 했으면 그것으로 족한 것이라 생각하며 위안을 삼는다. 그리고 가끔 불만을 이야기하는 고객을 만나게 되더라도 절대 피하지 않는다. 피하다보면 오해는 커지게 마련이다. 오히려 매를 일찍 맞는 심정으로 먼저 다가가 오해가 있으면 풀고 잘못이나 실수가 있으면 지적을 받아 수정하려 애쓴다. 이러한 갈등에 대한 나의 태도는 긍정적인 삶의 자

세를 유지하고 직업적 만족도를 높이는 중요한 요소로 작용하고
있다.

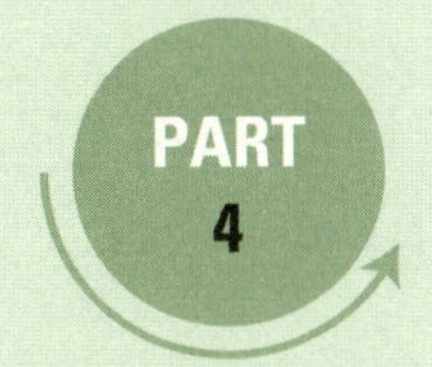

성공의 패턴 제3단계
실행

성공은 매일 반복한 작은 노력들의 합이다.

– 로버트 콜리어

증기기관차가 철길을
달리게 하는 힘

산업혁명의 대미를 장식한 증기기관차는 상상만으로도 그 위용을 짐작할 수 있다. 물을 끓여서 그 거대한 쇳덩어리를 시속 24킬로미터 속도로 움직였다는 것 자체가 놀라울 따름이다. 이때 물이 힘을 갖기 위해서는 증기로 변화하는 과정을 거쳐야 한다. 가열이 이루어지지 않으면 물은 그냥 물일 뿐 기관차를 움직일 수 있는 폭발적인 힘을 발휘하지 못한다.

성공도 마찬가지다. 우리가 어떤 계기를 통하여 감동을 받고, 자신의 삶을 변화시키기로 결심했다면 행동으로 옮겨야 한다. 오직 실행을 통해서만 변화를 이룰 수 있기 때문이다. 바로 이 과정이 물을 끓여 증기를 만드는 단계라고 할 수 있다. 아무리 좋은 석탄과 많은 물을 싣고 있다 해도 증기를 만들어 내지 않으면 기관차를 움직일 수 없듯이 실행 없이는 절대 성공이라는 철길을 달릴 수 없다.

증기기관차를 움직이게 하는 것은 물이 아니라 증기다. 결심이 행동으로 변화하지 않으면 성장을 견인해 내지 못하는 결심일 뿐이다. 이때 결심은 그저 감정적 동요일 뿐 아무런 힘을 발휘하지 못한다.

감동에서 변화를 견인하는 72시간

사람을 움직이는 것은 논리와 감동, 크게 두 가지로 나뉜다. 하지만 그것이 사람을 움직이는 메커니즘은 전혀 다르다. 논리는 인식의 변화를 이끈다. 이것은 좌뇌의 영역으로, 일단 인식이 되면 오래 유지되며 장기적인 영향력을 발휘한다. 하지만 그 힘의 폭발력은 감정의 힘에 미치지 못한다. 인간은 언제나 논리적이고 합리적인 선택을 할 것처럼 보이지만 오히려 그 반대로 움직인다. 1시간에 걸쳐 이루어지는 논리적 설득보다 단 1분 만에 이루어 내는 감정적 흔들림이 훨씬 더 크고 폭발적인 힘을 발휘한다.

흡연을 예로 들어보자. 흡연이 건강에 해롭다는 것은 누구나 알고 있다. 하지만 누구나 금연에 성공하지는 못한다. 심지어 의사들 중에도 흡연자가 제법 많다. 암 사망의 30%가 폐암으로 인한 것이라고 하는데, 그나마 명확하게 밝혀진 것이 흡연과 폐암의 상관관계다. 흡연자는 비흡연자에 비해 폐암에 걸릴 확률이 적게는 15배, 많게는 60배까지 높다고 한다. 많은 사람들이 이 사실을 알고 있고, 건강검진을 받을 때마다 의사의 경고를 들으면서도 담배를 끊지 못한다. 그런데 지독한 골초라도 사랑하는 사람이 "담배를 끊지 않으면 당신과 헤어지겠다"고 단호하게 선언하는 순간 담배를 뚝 끊는 경우가 종종 있다. 평생 담배를 피워온 사람이 손주가 생기자 손주를 편하게 안아보고 싶은 마음에 담배를 끊었다는 이야기도 들었다. 지식이나 논리만으로는 변화시킬 수 없는 사람을 감정적 동요로 변화시키는 데 성공한 것이다.

이처럼 감정은 행동을 이끄는 강력한 힘을 갖고 있다. 그런데 논리와 달리 감정은 유지기간이 짧다는 것이 맹점이다. 아무리 격한 감동이라도 순간적인 감정은 그리 오래 유지되지 못한다. 사람의 감정은 평균 72시간 정도 유지되며 그 이상 경과하면 점차 수그러든다. 따라서 어떤 계기를 통해 감정적 변화를 경험하고 어떤 것을 선택하거나 결심했다면 72시간 안에 실행에 옮겨야 변화로 이끌 수 있다. 그것이 변화, 즉 성공의 핵심이다.

첫 날 부 터
성공하는 사람들

어떤 사람들은 지식이 성공의 핵심적인 요인이라고 말한다. 맞는 이야기다. 지식은 성공의 중요한 요인이다. 분야를 막론하고 공부를 많이 한 사람은 철학적 체계가 정밀할 가능성이 높고 논리적 사고를 통해 남다른 설득력을 보유한 경우도 많다. 그러니 성공에 접근할 기회가 많은 것이고 기회가 왔을 때 영리하게 거머쥘 줄도 안다. 공부를 많이 하고 풍부한 지식을 보유한 사람들이 성공한 경우가 많은 것은 당연한 일이다.

그러나 지식 없이 성공하는 경우도 무수히 많다. 그들은 복잡한 지식 없이 가장 기본이 되는 상품을 판매하여 성공하는 유형이다. 단순한 지식으로 단순한 해결책을 제시하며 사람들의 공감을 얻는 것이다. 일반 대중의 수준은 평균 라인에서 수렴하고 분산한다. 학력이나 학위에 상관없이, 교양의 깊이나 폭과는 상관없이 인간의 욕구는 평균 라인에서 크게 벗어나지 않는다.

어떤 사람들은 능력이 있어야 성공할 수 있다고 한다. 그런데 세일즈 현장에서는 이 역시 예외적인 경우가 많다. 능력은 효율에 관계된 것이며 그 효율은 시간으로 커버할 수 있기 때문이다. 남보다 더 열심히, 많이 일해서 성공하는 예도 얼마든지 있다. 세일즈맨들의 능력은 그래서 하루하루 커가는 데 의미가 있다. 제아무리 재능이 있다 해도 꾸준히 노력하지 않으면 빛을 발할 수 없고, 한눈팔지 않고 꾸준히 매진하는 사람은 종국에 반드시 큰 박수를 받게 된다.

또 어떤 사람들은 경험이 성공의 필수 요건이라고 한다. 특히 세일즈에는 경험만한 것이 없다고 말들을 한다. 그런데 이 분야에서 어떤 사람들은 첫날부터 성공한다. 낯가림 많은 성격에 세일즈도 처음이라는 사람이 첫날부터 계약서를 들고 오는 경우가 종종 있다. 이런 사람들과 함께 일하는 것은 큰 즐거움이며 주변에 있는 사람들까지 에너지 상승효과를 얻게 된다. 그들은 바로 긍정적인 태도를 소유한 사람들이기 때문이다.

올바른 태도 없이 성공한 사람은 없다

긍정적인 사람들과 함께 일하면서 나는 믿음을 다루는 일은 성격이 외향적이라거나 내성적이라는 성향적 분류가 무의미하다는 사실을 알게 되었다. 믿음을 다루는 일의 성과는 그 일의 가치에 대한 믿음의 강도에 의해서 결정되기 때문이다. 자기 자신에 대한 믿음과 일의 가치에 대한 강한 믿음 즉, 할 수 있다는 긍정적 태도는 첫날부터 그 사람을 성공으로 이끈다. 이것이 바로 실행 단계의 기본이자 핵심이다.

나는 20여 년간 많은 사람들이 성공하는 과정을 가까이에서 지켜보았다. 그중 단 한 사람도 올바른 태도 없이 성공한 경우는 없었다. 내가 만난 모든 성공한 사람들은 긍정적 태도로 자신을 빛내고 주변을 밝히는 사람들이었다. 성공의 핵심 요인은 지식도 능력도 경험도 아닌 태도에 있다. 모든 것을 긍정적으로 해석하고 믿음을 갖고 끝까지 나아가는 태도야말로 성공의 기반이라는 것을 나는 숱한 증거를 통해 확인했다.

모든 게임에서 이길 수는 없다

계약의 과정은 두 번의 거절과 한 번의 청약으로 이루어진 선물 상자다. 이것을 대수의 법칙이라고 한다. 이때 두 번의 거절은 거절이 아니라 연기(Delay)다. 실제로 세일즈 현장에서 일하다 보면 한 번의 청약 후에는 두 번의 거절이 기다리는 경험을 하게 된다. 또 두 번의 거절 뒤에는 반드시 한 번의 청약이 기다린다.

인생은 자기만의 설계로 우리에게 성공과 실패를 안겨주지만 그것은 결국 가장 극적인 방법으로 선물을 건네는 방법인지도 모른다. X-X-O, 성공은 이런 식으로 온다. 고통 뒤에 주어지는 보상은 더욱 달콤하다. 또 X-O-X, 이런 식으로 오며 우리를 울렸다 웃기기를 반복한다. 때로는 O-X-X 같은 조합으로 선물을 건네며 우리를 시험하기도 한다.

바다가 깊고 산이 높다고 해서 지구가 둥글지 않은 것은 아니다. 깊은 바다, 높은 산도 둥근 지구의 일부일 뿐이다. 이것이 3W를 달성해 나가는 과정에서 실패와 성공에 대한 나의 태도였다. 모든 게임에서 이길 수는 없다. 그러나 모든 게임에서 배울 수는 있다. 이것이 성공하는 사람들이 순간적 실패를 다루는 방식이다.

지속적으로 성과를
내는 사람들의
공 통 점

성공한 사람들은 믿음을 바탕으로 잠재적 역량을 발휘할 수 있는 직업을 선택했다. 하지만 재능이 성공을 보장하지는 않는다. 세상에는 재능은 충분히 갖고 있는데도 성공하지 못하는 사람이 너무나 많다. 핵심은 바로 몰입이다. 독일의 문호 괴테는 "몰입하는 순간 하늘도 감동한다"고 했다. 재능에 더해 진정한 몰입이 이루어져야 성공할 수 있다.

목숨을 걸고 그 일에 몰입해 보았는가

몰입이란 투신과 같은 것이다. 그것은 온몸을 던져서 집중한다는 의미다. 투신은 목적에 따라 성공을 가져올 수도 있고 목숨을 앗아갈 수도 한다. 결국 몰입이란 목숨을 걸고 그 일에 집중하는 것을 의미한다.

모든 큰 성공과 성장은 몰입을 통하여 이루어졌다. 이 결심은 지속적인 행동을 통하여 실현된다. 진실하고 정직한 행동의 지속성 즉, 성실은 성공의 필수 불가결한 요소다. 마법과 같은 결과를 얻는 방법은 아주 간단하다. 일관되게 일하는 것이다.

성공하는 사람들의 공통점 중 하나는 그들이 성실의 전문가라는 것이다. 그들은 정말로 열심히 일하고 끊임없이 연습한다.

성공하는 사람들은 그들의 관심과 에너지를 그들이 가고자 하는 방향으로 집중하는 능력을 갖고 있다. 그들은 자신이 원하는 것을 결정한 후에는 오로지 그 일에만 헌신한다. 그들은 자신의 의도를 더욱 정확하게 초점에 맞추는 것을 배운 사람들이다.

반대로 실패하는 사람들은 삶의 에너지를 비생산적인 감정에 허비한다. 그들이 원하는 것을 성취하지 못하는 것은 그들이 원하는 것 대신 다른 일을 하고 있기 때문이다. 시간의 대부분을 잘못되어 가는 일에 보내는 것이다. 비생산적이고 비합리적인 관심에 에너지를 사용하다가 어느 날 문득 성공한 사람은 없다.

습관은 의지보다 강하다

우리가 일주일, 한 달, 1년 동안 어떤 일을 하는지는 크게 중요하지 않다. 그러나 오늘 어떤 일을 하는지는 매우 중요하다. 오늘 우리가 어떤 일을 하는지에 의해 인생은 결정된다. 습관 형성의 가장 중요한 요소는 오늘 즉, 하루하루의 일관된 행동이다. 결과에 도달하기 위한 빠른 지름길은 없다. 매일매일 일관되게 계속 노력하는 것, 이것이 마법의 결과를 가져온다. 아무리 작은 것이라도 생활화가 되면 큰 의미를 가진다. 생활화란 무의식적 반복 단계를 가리키며, 무의식이란 새로운 결심이 필요 없이 행동화되는 것을 말한다. 즉, 아무런 의도 없이 자동적으로 반복하는 일상의 습관이 성공의 토대가 된다.

성공하는 사람들의 공통점은 성공을 이루어 낼 수 있는 방법에 대해 믿었으며, 결심한 강력한 의지를 성실하게 지속 반복해 습관화했으며 더 나아가 본능화한 사람들이다. 이렇게 되면 삶은 완전히 다른 모습을 띠게 된다. 본능은 습관보다 강하고 습관은 의지보다 강하기 때문이다.

- 의지 : 믿음을 바탕으로 결심까지 이르게 하는 행동의 출발점
- 행동 : 결심의 결과로 실제 결과를 가져오는 직접적 움직임
- 습관 : 반복된 의지와 행동으로 인하여 큰 저항 없이 결심에 의해 자동적으로 움직이게 된 상태
- 제2의 본능 : 습관의 반복으로 무의식적 상태에서 즉, 결심의 과정 없이 행동이 이루어지는 상태

생명보험 분야에서도 마찬가지다. 수년 전 한 연구기관에서 생명

보험 영업 분야에서 3년 이상 지속적으로 성과를 내는 사람들의 공통점을 조사한 적이 있다. 이들의 공통점은 세 가지로 요약되었다.

1. 아침 일찍 일과를 시작한다.

2. 자발적이다.

3. 생명보험의 본질인 보장에 충실하다.

3W=HABIT=SUCCESS

생명보험 업계에서 성공방정식이라 부르는 공식으로 '3W=HABIT=SUCCESS'가 있다. 일주일에 세 건의 보장을 전달하게 되면 반드시 성공할 수 있다는 의미이며 이 결과를 위해 모든 프로세스를 습관화하라는 가르침이다.

이 성공의 방정식은 목표의식과 습관의 완벽한 융합을 통해 도출한 것으로, 그 유효성이 놀라울 정도로 탁월하다. 3W를 위한 성공의 시스템을 매일, 매주의 행동 패턴으로 단순화하고 이를 지속, 반복적으로 실행해서 완전히 습관화한 사람은 모두 성공했다. 이 방정식에는 예외가 없다. 실제로 생명보험 업계에서 일하고 있는 많은 사람들이 이 사실을 증명하고 있다.

3W를 3개월간 유지하고 그 패턴을 3년간 지속해서 습관화되면 나머지 30년은 자연스럽게 성공적인 삶을 살아갈 수 있게 된다. 이것은 생명보험 업계의 절대법칙이다.

3W를 유지하게 하는 긍 정 의 힘

　태도란 전염성이 있어서 퍼지는 속도가 빠르다. 긍정적 태도는 긍정을 낳는다. 부정적 태도는 부정적 태도를 더한다. 우리가 가장 빨리 실패하는 방법은 부정적인 사람들과 어울리는 것이다. 툭하면 빈정대거나 일마다 불평을 늘어놓는 사람, 매사에 부정적인 사람들은 행동하지 않는다. 행동하지 않으니 성공도 없다. 그들은 하릴없이 앉아서 끊임없이 투덜댈 뿐이다. 그래서 긍정적 태도를 갖기로 결심해야 한다. 모든 성공은 행동을 통해서만 현실화되며, 결심은 생각의 끝이며 행동의 시작점이다.

가치 있지만 어려운 일

　세일즈맨으로 일하는 동안 나는 일주일에 3건의 계약을 체결하는 '3W'를 꾸준히 달성했다. 3W가 6개월 정도 이어지자 아내가 내게 진심 어린 칭찬을 해주었다. 아내가 칭찬한 것은 3W를 달성한 것 자체가 아니었다. 아내는 내가 계약이 성립되었을 때 너무 많이 좋아하거나 거절당했을 때 너무 크게 실망하지 않았다고 말하며 그런 태도야말로 세일즈맨이 갖추어야 할 기본 덕목이 아니겠냐고 나를 격려했다.

실제로 나는 내게 주어지는 모든 상황에 대해 긍정적 해석을 하고 있었다. 이 일은 가치가 있는 일이고, 가치가 있는 일은 모두 어렵다는 생각이 분명했던 것이다.

생명보험 업계에 처음 발을 들이던 날, 나는 이 일을 내가 평생 몸 바쳐야 할 미션으로 받아들였다. 미션이라는 단어에는 '일의 가치가 있다', 그렇지만 '어려운 일이다' 이 두 가지 의미가 깃들어 있다는 것을 나는 잘 알고 있었다. 때문에 일하는 과정에서 겪는 어려움에 휘둘리지 않을 수 있었다. 일희일비하지 않는 평온한 마음과 도전정신이 3W처럼 지구력이 필요한 일을 꾸준히 해낼 수 있게 하는 저력이 된 것이다.

기왕에 갈 거면 끌려가지 말고 이끌어 가라

세일즈맨은 어떤 상품을 판매하든 그 종류를 불문하고 일 년 내내 비슷한 일을 겪게 된다. 그것은 다름 아니라 지속적인 캠페인 속에 산다는 것이다. 새해가 되면 신년 캠페인, 봄이면 고객방문 캠페인, 여름이면 서머 캠페인, 가을이면 본부 캠페인, 연말이면 총결산 캠페인, 중간 중간에 있는 신상품 캠페인, 지점 캠페인 등등 캠페인의 행렬은 끝없이 이어진다.

캠페인은 그때마다 채찍과 당근이 같이 따라온다. 별별 시상들이 많아 일하는 데 재미를 더하지만 실적이 없을 경우에는 매니저들의 관리가 들어온다. 최소한의 기준선인 최소달성기준을 들이대며 "최소 이 정도는 해야 하는 것 아니냐", "어디서 무얼 하고 다니느냐" 등의 핀잔을 들으며 자란 신입 세일즈맨은 시간이 흐를수록 연락도 잘 안 되고, 실적도 안 나오고, 사람에 대한 아픔을 뒤로한 채 조직을 떠나는 수순을 밟게 된다.

신성호 MDRT 회장은 이런 후배들을 다독이고 그들에게 긍정적인 영향을 미치는 일에 남다른 재능이 있는 사람이다. 캠페인 시기가 오면 그는 스트레스를 받아 민감해지고 조그마한 일에도 무섭게 반응하는 후배들을 차례로 불러 같이 점심식사를 하며 자신의 생각을 이야기하곤 한다.

"캠페인이 있든 없든 어차피 나의 일은 해야 하는 것이고, 같은 일이라도 작은 목표를 갖게 하고 거기다가 상까지 덤으로 준다 하니 이보다 고마운 일이 어디 있겠습니까. 일 년 내내 아무런 압박 없이, 스스로 알아서 실적을 내라 하면 정말 잘할 수 있을까요? 때마다 적절한 목표를 갖게 하고 그 작은 목표를 이루어가도록 독려하다 보면 어느덧 일 년 농사가 순조롭게 마무리되는 일이 영업이 아닐까요?"

그는 뒤에서 끌려 따라오는 사고방식이 아니라 어차피 해야 할 일이라면 앞에서 이끌어 가자며 사고의 전환을 이끄는 견인차 노릇을 하곤 한다. 그래서 그의 후배들 중에는 그의 긍정적 태도를 그대로 물려받아 캠페인 시기에 오히려 즐겁게 일하는 보험재정 상담사가 많다.

긍정은 긍정을 부른다. 부정적인 사람 옆에서 같이 한숨을 쉬고 앉아 있으면 될 일도 안 된다. 그들 옆에 같이 있어주는 것은 서로에게 아무런 도움이 안 된다. 나의 긍정 에너지로 그들에게 긍정적 태도를 심어주거나 그게 아니라면 과감히 그들의 곁을 떠나야 한다.

지속적인 성과를
만들어 내는 시스템

2013년, 영국의 프로축구 1부 리그 팀인 토트넘의 홈구장과 트레이닝센터를 방문할 기회가 있었다. 역사와 전통, 과거의 기록, 운영 방식, 현재의 상황에 대한 설명을 들으며 매우 흥미로운 시간을 가졌다. 홈구장에서의 훈련과 실제 게임도 볼 수 있었다.

그 중 가장 인상 깊었던 것은 그들의 훈련 방식 중 하나인 일곱 명이 한 조가 되어 두 편으로 나뉘어서 좁은 공간에서 상대편의 공을 빼앗는 쇼트패스 게임이었다. 코치는 쇼트패스가 상대편에게 공을 빼앗기지 않고 몇 번까지 연결되는지 센다. 이 게임은 한 시간 내내 지속되었다. 그날 내가 본 최고 기록은 28회였다. 선수들은 이 훈련을 매일 반복한다고 했다.

그날 선수들이 실제 게임에서 상대방 골문 앞에서 완벽한 쇼트패스를 주고받으며 득점하는 것을 보며 나는 어떻게 저 찰나의 시간에 저런 완벽한 판단과 슈팅을 할 수 있을까 생각했다. 해답은 이미 나와 있었다. 그것은 판단이 아니었다. 그것은 본능이었다. 승리의 방식에 대한 확고한 믿음을 매일의 성실로, 매일의 무수한 반복을 통해 습관화하고 그것을 습관보다 더 강한 본능으로 만들어 낸 것이다.

성공의 의지화, 의지의 행동화, 행동의 습관화, 습관의 본능화, 성공의 본능화! 성공하는 사람들은 성공의 결과를 가져오는 프로세스를 하루하루의 행동 패턴으로 단순화하고 반복하여 습관화함으로써 매일매일의 큰 결심 없이 행동을 이끌어 내 지속적 성과를 가져오는 시스템을 만들어 낸 사람들이다.

믿음과 반복의 패턴 그리고 성실

좋은 습관의 형성은 시간이 오래 걸리고 어렵다. 반면에 나쁜 습관의 형성은 아주 쉽게 일어난다. 하루하루의 시간은 바둑판에 돌을 놓는 것과 같다. 한 칸에 검은 돌 놓으면 그곳엔 흰 돌을 놓을 수 없다. 한 칸에 좋은 습관과 나쁜 습관 두 가지를 동시에 채울 수는 없다. 좋은 습관으로 채우면 나쁜 습관이 들어갈 수 없고 나쁜 습관으로 채우면 좋은 습관이 들어갈 수 없다. 좋은 습관은 좋은 습관을, 나쁜 습관은 나쁜 습관을 강화한다.

우리가 끈기를 가지고 하는 일이 점점 쉽게 느껴지는 것은 그 일 자체가 쉬워져서가 아니라, 그 일을 수행하는 우리의 능력이 향상되었기 때문이다.

어린아이들은 부모가 말을 하는 것을 듣고 보면서 의식적, 무의식적으로 자신도 말을 할 수 있다고 믿게 된다. 믿음은 용기를 가능하게 하는 필요조건이다. 이 용기가 반복적으로 도전하고 연습할 수 있는 힘이 된다. 아무 의심 없이 믿기 때문에 시작할 수 있고 도전할 수 있는 것이다.

그러고 나면 반복이다. 그들은 그 믿음을 바탕으로 끊임없이 반복하고 연습한다. 틀린 발음과 문장들을 계속해서 교정하고 반복해낸다. 언제까지? 완성될 때까지 계속 반복한다. 그리고 드디어 말을 할 수 있게 된다. 그래서 주위 사람들을 안심시키고 자신의 생존을 위한 필수 능력을 갖추게 된다.

매우 놀라운 현상이다. 이 성공의 원리를 단순화시키면 패턴은 간단하다. '믿음' 그리고 '반복'이다.

많은 사람들이 이미 이 같은 패턴을 이해하고 그 토대 위에 도전의 발판을 마련한다. 그런데 그 경지에 이른 사람은 많지 않다. 그렇다면 이 경지에 오르는 사람은 왜 소수에 불과한 것일까. 성실을 지속적으로 반복하게 하는 믿음 이후의 요인은 무엇인가.

나는 다시 이 부분에 대한 관찰을 진행했다. 결론은 성실, 즉 행동은 원인이 아니라 결과라는 점이다. 성공에 있어서 가치가 바탕이 된 행동은 성공의 필요충분조건이다.

성공의 필요조건 = 성실

성공의 필요충분조건 = 가치에 대한 믿음 + 성실

성공의 충분조건 = 가치에 대한 믿음 + 성실 + 효율

믿음은 필요조건이다. 왜냐하면 믿음이 행동을 이끌기 때문이다. 그들은 행동 즉, 성실을 원인보다는 결과로 본다.

성실을 다루는 전문가들의 조언

흔히 성실을 성공의 원인 중 하나로 꼽지만 성실은 그 자체로 결과이며 성실하거나 성실하지 못한 원인은 따로 있다. 이것은 심장마비가 사망원인이 아니라 사망의 결과인 것과 비슷하다. 한 사람의 사망을 놓고 "심장마비로 죽었다"고 말하는 것은 잘못된 것이다. 우리가 알고 싶은 것은 무엇 때문에 심장마비가 일어났는가 하는 것이다. 의사라면 사망의 결과가 아닌 원인을 밝혀내야 한다.

성공하는 사람들은 성실의 원인을 다루는 전문가들이다. 그들은 성실이라는 결과를 가져오는 요소들의 의식적, 무의식적 조합을 통해 성실을 유지하는 데 성공한 것이다. 결과는 우리가 통제할 수 있는 것이 아니다. 원인을 이해하고 통제할 수 있을 때 결과를 통제할 수 있는 것이다. 성공의 핵심은 성실이다. 즉, 성실의 원인을 이해하고 다룰 수 있을 때 우리는 성공을 통제할 수 있다.

성공하지 못한 사람들의 질병

어느 고등학교 교사에게 "저 학생이 대학입시에 성공하지 못한 원인이 무엇인가요?" 하고 질문을 했다. 교사는 "그 학생이 성실하지 않아서"라고 대답했다. 어느 축구감독에게 같은 질문을 했다. "저 선수가 부진한 이유는 무엇인가요?" 대답은 같았다. "그가 성실하지 않아서 그렇죠." 이런 대답으로는 절대 문제를 해결할 수 없다. 왜냐하면 결과를 원인으로 다루고 있기 때문이다. 세상의 모든 일은 원인을 알아야 결과를 다룰 수 있다. 성실(행동)은 성공의 필수조건이지만 그것은 결과다.

성실하지 않다는 것은 성공하지 못한 사람들이 공통적으로 지니고 있는 '질병(疾病)'이라고 말할 수 있다. 원래 성실하지 않은 사람은 없다. 그런데 어떤 원인으로 인하여 불성실해진 것이다. 다시 말하면, 성공하는 사람들은 이 불성실이라는 '질병'의 원인을 잘 다루는 전문가들이다.

성실(행동)이라는 결과를 가져오는 원인을 찾고 이해하고 잘 다루어야만 성실(행동)을 통제할 수 있고, 성공을 통제할 수 있다. 나는 성실의 원인이 무엇인지 알아보기 위해 관찰, 분석을 계속했다.

성실하고 싶지 않은 생각 〉 기꺼이 성실해야 하는 이유(원인)=불성실

성실하고 싶지 않은 생각 〈 기꺼이 성실해야 하는 이유(원인)=성실

우리는 성실해야 하는 이유가 성실하고 싶지 않은 생각보다 크고 강력할 때 성실해진다. 성공하는 사람들은 성실해야만 하는 이유가 성실하고 싶지 않은 이유보다 큰 동기를 갖고 있다. 성실하지 않은 질병을 치료하기 위해서는 성실해야 하는 이유 즉, 원인을 분석하고 그것이 성실을 견인해 내도록 하는 것이다.

내가 찾아낸 성실을 가능케 하는 원인은 크게 네 가지다. 위협, 목표, 책임감, 사명감이 그것이다. 위협은 부모나 상급자로부터 받게 되는 압력을 가리키며, 목표는 관심과 에너지를 집중할 초점을 가리킨다. 책임감은 자신의 가족과 조직 그리고 자기 자신의 성장에 대한 책임의식을 말하고, 사명감은 자신의 일을 소명으로 받아들이는 태도를 가리킨다. 이 네 가지가 상호작용을 하여 성실이라는 결과를 만들어 내는 것이다.

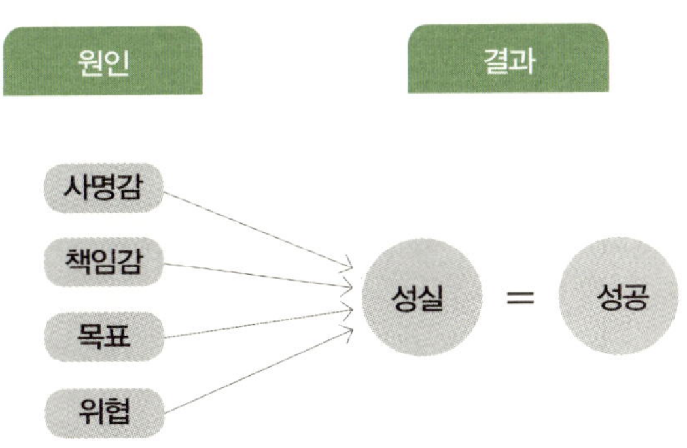

지속적 성장을 위한 조건

성실의 원인 1. 위협

위협은 우리를 성실하게 한다. 어린아이들이 부모의 위협에 성실로 반응하는 것과 별반 차이가 없다. 강한 위협은 평소 잘 드러나지 않는 능력의 크기를 확인하는 계기를 마련하기도 한다. 영화에 종종 등장하는 것처럼, 아들의 목숨을 볼모로 아버지에게 과도한 과업이 주어졌을 때 평소에는 상상할 수도 없을 정도로 큰 능력을 발휘해서 과업을 완성해 내는 경우를 볼 수 있다. 이런 경우, 잘 모르고 있었던 자신의 능력의 크기를 확인하는 기회가 되기도 한다.

내가 관찰한 세일즈맨 중에 상위 레벨에 있는 일부 사람들은 스스로를 위협함으로써 스스로 자신에게 성실을 요구하기도 한다. 이런 경우는 매우 예외적인 경우라고 할 수 있다. 대부분의 위협은 타인에 의해 강압적으로 이루어지는데, 이는 성실의 동기로는 지속성을 기대하기 어렵다. 위협이 끝나는 순간 성실도 끝나기 때문이다. 이는 사람의 부정적 이미지를 강화하는 원인이 되므로 성실을 유발하는 좋은 수단은 아니다.

위협은 동기부여 방법 중 가장 하위에 속하는 수단이므로 사용할 때는 보다 신중한 고려가 필요하다. 아주 긴급한 상황에서 결과를 필요로 할 때 제한적으로 사용할 수 있다.

성실의 원인 2. 목표

목표는 인간의 잠재적 역량 계발을 극대화할 수 있는 매우 중요한 수단이다. 또한 성실의 결과를 만들어 내는 큰 동력이 된다. 성공하는 사람들의 공통점은 내면화된 목표를 갖고 있다는 것이다. 목표는 우리가 갖고 있는 모든 육체적, 정신적, 감각적 에너지를 집중할 수 있는 초점이기 때문이다. 목표는 생각이며 에너지는 생각을 따르게 된다.

아무리 큰 재능을 갖고 있다 하더라도 그 재능이 한 곳에 집중되지 않으면 그 재능은 의미를 갖지 못한다. 재능이 없어서 실패하는 사례는 그리 많지 않다. 전심, 전력을 다하지 못하기 때문에 실패하는 경우가 훨씬 많다. 전심전력을 다할 초점 즉, 목표가 있고 없고의 차이는 성공과 실패를 가르는 중요한 기준이 된다.

영국의 작가 제임스 알렌은 "성공은 분산된 초점을 하나의 강력한 경로로 모으는 과정"이라고 했다. 실제로 성공하는 사람들은 에너지를 가고자 하는 방향으로 집중하는 것을 볼 수 있다. 원하는 것을 결정하고 그 일에만 헌신한다. 성공하는 사람들의 공통점은 에너지를 잘 이용한다는 것이다. 인생의 초점이 잘 맞추어지고 훈련될 때 위대한 성장을 거두게 된다. 관심과 에너지가 분산되어 있으면 결과도 분산되고 만다. 목표가 없다는 것은 골대 없이 하는 축구 게임과 같다.

인간의 잠재적 역량이 계발되는 데는 역경에 의한 방식과 목표에 의한 방식이 있다. 누구나 역경을 계획하지는 않는다. 하지만 역경이 없는 인생은 없다. 역경은 자기 자신을 정확히 보게 한다. 겸손은 역경을 통해서 가장 빨리 만들어진다. 큰 성공은 역경의 과정을 통하여 이루어진다. 역경은 강자와 약자를 구별하는 도구가 되기도 한다. 약자는 역경을 통해 무너지고 강자는 역경을 발판으로 크게 성장한다. 이것은 역경이 닥쳐왔을 때 그것을 해석하는 태도의 문제다.

역경의 특징은 계획될 수 없다는 것이다. 세상에는 어려운 환경을 극복하는 과정에서 자신의 잠재적 역량을 폭발적으로 성장시킨 사람도 많다. 그렇지만 잠재적 역량을 계발하기 위해서 일부러 어려운 환경을 만들어 낼 수는 없는 노릇이다.

여기서는 극복의 계획부터가 계획이다. 어려움을 겪으며 일할 때 우리는 다음 역경에 대처할 수 있도록 강해진다. 이는 큰 잠재적 역량을 현실화시킬 수 있는 계기가 되며 성장의 기회가 된다. 역경은 승리를 위해 항상 필요한 것들이다.

잠재적 역량을 계획적으로 계발하면서 행복과 성공의 요소들을 이루어 나가기 위한 성실 유발의 동기 중 하나는 목표다. 진심으로 바라고 원하는 목표는 진실한 성실을 가능케 하고 마침내 그것을 이루어 낸다.

목표의 종류

매니저 시절, 나는 새롭게 이 일을 시작하는 사람들에게 단기, 중기, 장기 목표를 세우게 했다. 그리고 그 목표들이 진정으로 이루고 싶은 것인지, 스스로의 내면화 과정을 거쳤는지를 확인했다. 그리고 목표 달성 수준을 3개월 단위로 같이 점검해 나갔다. 이 과정을 통해 여러 가지 목표를 경험했다. 나는 수많은 목표들을 정리해 세 가지 유형으로 분류했다. 타인에 의해 설정된 목표, 그럴 듯한 목표, 내면화된 목표 등이 그것이다.

- 타인에 의해 설정된 목표 : 이것은 목표라기보다는 할당이라고 볼 수 있다. 이 목표는 내면화되지 않는 한 꾸준한 성실을 이루어 내기 어렵다. 이 경우 이들은 이 목표를 달성할 수 있다고 말을 하지만 실제 마음속으로는 동의하지 않기 때문이다.
『부자 아빠 가난한 아빠』라는 책에는 이런 이야기가 나온다. "종업원은 오너가 그만두라고 할 수 없을 정도만 일을 하고 오너는 종업원이 그만두지 않을 정도만 보수를 지급한다." 이 얼마나 소모적인 상황인가? 동의되지 않은 목표는 목표가 아니다. 왜냐하면 성공의 요소인 성실을 이끌어 낼 수 없기 때문이다.

- 그럴 듯한 목표 : 자신에 의해서 설정된 목표지만 남에게 보여 주거나 환경적 압박에 의해 설정된 목표로, 어설픈 목표라고 할 수 있다. 이 또한 강력한 성실을 이끌어 내지 못하며 이러한 목표 설정 자체가 시간 낭비인 경우가 많다. 스스로 자기 자신을

속이는 경우가 많은데, 자의식이나 주관이 약한 사람들에게 흔히 나타나는 현상이다.

- 내면화된 목표 : 자발적으로 설정한 목표이며 성공과 행복의 요소와 그것을 이루기 위해 결정된 목표다. 반드시 이루어 내고자 하는 강한 결심 위에 설정된 만큼 강력한 힘을 발휘한다. 이런 목표가 있는 사람은 게으름과 휴식을 분명하게 구별해 내며 목표를 중심으로 환경 변화를 통제할 줄 안다. 성실을 견인하는 강력한 요소라고 할 수 있다. 피터 드러커는 이를 두고 "미래를 예측하는 가장 좋은 방법은 목표를 자신이 창조해 가는 것"이라고 말한 바 있다.

목표 설정 방법

목표는 3개월 미만의 단기 목표, 1년 미만의 중기 목표, 1년 이상의 장기 목표로 나눌 수 있다. 크게 나누자면 직업적 목표가 있고 개인적인 목표가 있다. 이 요소들을 가로축과 세로축에 놓고 매트릭스를 만든다. 각 칸에는 구체적인 목표를 적어 넣는데, 여기에는 다섯 가지 기준이 있다. 구체적일 것, 크되 달성 가능할 것, 측정 가능할 것, 달성 시한을 정할 것, 달성을 위한 플랜을 작성할 것 등이다. 이 매트릭스는 목표 설정 방법 중 가장 간단하면서도 가시적이어서 그만큼 효율이 높다.

목표 달성 매트릭스

	단기 (3개월 미만)	중기 (1년 미만)	장기 (1년 이상)	목표 설정 기준
직업적 목표 (Business Goal)				• 구체적일 것 • 크되 달성 가능할 것 • 측정 가능할 것 • 달성 시한을 정할 것
개인적 목표 (Private Goal)				

매트릭스의 빈칸을 채워 총 세 장을 프린트한 뒤 한 장은 사무실의 책상 앞에, 한 장은 자기 집의 냉장고에 붙이고, 또 한 장은 파일에 보관한다. 이렇게 해두면 하루 종일 머릿속에서는 물론, 눈앞에서 목표가 어른거리므로 목표의식을 강화하고 집중력을 높이는 데 도움이 된다.

- 구체적일 것 : 목표는 되도록 구체적이어야 한다. '성공을 하겠다', '건강을 증진시키겠다', '돈을 많이 벌겠다', '봉사활동을 하겠다'처럼 막연하고 큰 목표는 사실 별 의미가 없다. 목표라기보다는 큰 방향 정도라고 볼 수 있다. 제대로 된 목표를 세우

기 위해서는 생각을 새롭게 변화시켜야 한다. 그리고 구체적인 계획을 세워야 한다. 우리가 원하는 목표와 결과를 측정하고 필요한 선택과 결정 그리고 그것을 달성할 수 있는 행동을 해야 한다.

추상적 목표나 주관적, 관념적인 목표는 달성 여부를 파악하기 어려우며 객관성 확보도 어렵다. 무엇보다 목표를 향해 달려가기 위한 성실을 견인해 내기 어렵다. 이런 목표는 주로 목표 설정 경험이 없는 사람들이 저지르는 실수다. 비슷한 예로, 목표 달성 방법으로 '최선을 다해서 성공하겠다', '최고보다는 최선을 다 하겠다', '전력질주하겠다' 등을 얘기하는 사람들이 있는데, 이 경우 무엇이 최선인지, 어떻게 하는 것이 전력질주하는 것인지 평가하기 어렵기 때문에 목표 달성의 정도를 가늠하기 어렵다.

- 크되 달성 가능할 것 : 처음 시작하는 일은 그 분야에서 어느 정도의 역량이 발휘될지 알 수 없다. 그렇기 때문에 최초의 목표는 가능한 한 크게 잡아야 한다. 왜냐하면 최초의 목표의 눈높이가 그 직업 평생의 눈높이의 기준이 되기 때문이다. 너무 중요한 원리다.

매니저들이 자주 범하는 오류 중 하나는 팀원들이 최초의 목표를 설정할 때 너무 낮은 목표를 설정하게 함으로써 평생의 눈높이 기준을 낮은 수준에 머물게 하는 것이다. 이것은 매우 심각한 오류를 범하는 것이다. 재능과 열정이 있음에도 불구하고 눈높이의 기준이 낮아 낮은 성과를 내게 함으로써 잠재적 역량을 다 발휘하지 못하는 모순을 만들어 낸다.

이런 사람들의 공통점은 '결핍의 보충'과 '목표'를 혼동한다. 목표 자체가 한계를 갖게 되는 경우다. 목표 설정의 궁극적 목표는 우리의 잠재적 역량을 극대화하는 것이다. 결핍의 보충을 목표로 간주하여 그 정도의 성실의 정도를 유지하는 것은 개인들이 갖고 있는 재능을 낭비하는 결과를 가져온다.

목표 설정 이후 목표 달성 정도를 2~3회 리뷰하면 크고도 달성 가능한 목표의 기준을 찾을 수 있다.

꿈이 커야 크게 이루는 법이다. 맨 처음에 설정한 목표를 달성하지 못할 것을 두려워할 필요는 없다. 오히려 원대하지 못한 목표를 세우는 것을 두려워해야 한다. 자신에게 어떤 잠재력이 깃들어 있는지 알 수 없기 때문이다.

목표가 크면 성취도 크다. 목표는 작게 잡아서 100% 달성하는 것보다는 크게 잡아서 80%를 달성하는 편이 훨씬 성공에 도움이 된다. 성공의 달성율보다는 성공의 크기가 더 중요하기 때문이다.

목표 100×100%(달성율) =100

목표 150×80%(달성율)=120

나의 입사 동기는 22명이었다. 한 달간의 교육을 마치고 목표 설정 시간이 다가왔다. 한 사람씩 차례로 나가서 칠판에 초기 3개월의 실적 목표치를 적는데, 적는 순간 다른 사람들의 목표는 볼 수 없었다. 22명이 모두 목표를 적은 후 지점장이 테이프로 가려져 있던 전체 신입사원의 목표를 공개했다.

나의 목표는 전체에서 2등이었다. 22등의 목표를 적은 동기는 다른 동기들에게 왜 해낼 수 없는 허황된 목표를 적었느냐고 불만을 표시했다. 그는 다른 사람들이 설정한 목표가 불가능한 목표라고 생각했던 것이다.

1994년 7월, 드디어 영업이 시작되었다. 유례없는 더위가 대한민국을 강타했다. 기온은 날마다 기록을 경신하며 높아졌고, 뉴스는 100년만의 폭염이라고 연일 떠들어댔다. 그렇게 비지땀으로 여름 3개월을 보내고, 드디어 영업 결과가 나왔다. 22명모두 정말 열심히 했다. 그렇지만 3개월 전 제출한 목표를 다 달성한 동기는 없었다. 나는 제출 목표와 똑같이 목표 달성에서도 2등을 했다. 나뿐만이 아니었다. 놀랍게도, 제출 목표에서 1등을 했던 동기가 실제로 1등을, 제출 목표에서 22등을 했던 동기가 목표 달성에서도 22등을 했다. 미리 짜놓은 각본이라도 해도 믿기지 않는 결과였다.

이것은 잠재적 믿음 즉, 목표에 대한 최초의 눈높이가 어떻게 행동을 이끌고 이 행동이 어떤 결과를 가져다 주는지를 보여준다. 보이지 않는 믿음이 어떻게 눈앞의 현실이 되는지 생각을 깨워 주는 놀라운 경험이었다.

나는 이 일에 주목해 후배들이 입사할 때마다 주의 깊게 관찰하며 자료를 수집했다. 또한 내 주변에서 일어나는 많은 일들에 대해 촉각을 세우고 관찰했다. 경험과 관찰이 늘어날수록 결과는 이 사실에 수렴하고 있음을 확인할 수 있었다.

목표 달성의 중요성에 대해 큰 확신을 갖게 된 나는 후배들이 입사할 때마다 이 방법으로 목표 관리를 하게 했다. 입사 1개월 후 그리고 매년 초에 이 방식으로 목표 설정 작업을 하고 이 목표를 향해 달린 뒤 일정 기간이 지난 뒤 달성 목표를 재점검함으로써 자신의 잠재적 역량을 최대한 발휘할 수 있게 독려했다.

- 측정 가능할 것 : 측정 가능한 목표라야 달성 과정이나 시간의 조정, 결과 등을 평가할 수 있다. 그래서 업무적 목표는 일주일, 1개월, 3개월, 1년 단위로 측정하며 목표와의 거리를 측정해 간다. 개인적 목표로는 단기, 중기, 장기 목표와 계획 결과 등 리뷰 과정을 거친다. 측정된 목표 달성의 정도는 매일의 성실을

유지하도록 동기부여를 하는 데 효과적이며 잠재적 역량을 효율적으로 계발하는 역할을 한다.

- 달성 시한을 정할 것 : 시한이 있는 꿈이 목표다. 달성 시한이 정해지지 않은 목표는 목표가 아닌 단순한 바람일 뿐이다. 그리고 대부분 이루어지지 않는다. 인간에게는 시한이 정해지지 않은 힘든 일을 미루려는 본능이 있기 때문이다. '언젠가는'이라는 시간은 세상에 없는 시간이다. 실패한 많은 사람들이 이 시간을 핑계로 자신을 속이고 있다. 성공의 핵심 요소인 성실의 축적을 미루고 있는 것이다. 달성 시한을 정하면 더 많은 재능을 계발하게 되며, 매일의 성실을 동기부여하는 데 효과적이다. 그래서 잠재적 역량을 효율적으로 계발하게 되는 것이다.

- 목표 달성을 위한 계획을 작성할 것 : 목표를 달성하기 위해서는 성공을 위한 프로세스를 구체화하고 단계별 계획을 세워야 한다. 일간, 주간, 월간 그리고 분기별과 연간 계획을 구체적으로 세워야 실천력을 높일 수 있다. 이렇게 단계별 계획을 세워 하루하루 집중하다 보면 어느덧 목표에 다가서게 된다.

목표를 달성하는 방법

몇 년 전, 딸아이와 함께 치과에 다녀온 적이 있다. 아이의 치열이

고르지 못해 상담을 간 것인데, 의사는 교정을 권했다. 우리는 그 조언을 받아들였다. 이 과정은 1년 6개월간 매일 그 변화 속도에 따라 계발된 교정기를 착용해야 하고 정기적으로 점검을 필요로 했다. 아이는 불편을 느꼈지만 계획대로 매일 교정기를 착용했다. 1년 6개월 뒤, 결과는 대단히 만족스러웠다. 아이 자신은 물론 가족 모두 아이의 변화된 모습에 만족했다. 이 과정은 목표 설정, 목표 달성을 위한 계획, 실행, 및 조정 과정 그리고 마침내 목표를 이루어 내는 데 대한 프로세스 즉, 시스템을 명확하게 보여주었다.

교정의 첫 번째 단계는 의사가 환자의 치열에 대한 최종적인 모습, 즉 목표에 대해 선명한 이미지를 정한 것이고, 두 번째 단계는 현재의 고르지 못한 치열의 상태를 파악한 것이고, 세 번째는 달성 시한을 정한 것이고, 네 번째는 달성을 위한 기간별 실행계획, 즉 연간, 분기별, 월별, 주별, 일별 교정을 위해 착용해야 할 교정기를 만들어서 계획대로 실행하게 한 것이다. 아이는 이 계획에 따라 매일 교정기를 착용했고, 교정기는 교정되어야 할 치아를 조금씩 움직여 목표지점으로 밀어내는 역할을 했다. 1년 6개월간의 노력이 쌓여 목표로 했던 아름다운 모습을 이끌어 낸 것이다.

1. 도달해야 할 위치 즉, 구체적 목표를 정하고
2. 현재의 위치 즉, 상태를 파악하고
3. 목표 달성에 도움을 주는 강화 리스트, 방해가 되는 소멸 리스

트를 작성, 분석하고

4. 달성 기간을 포함한 액션플랜 및 리뷰를 작성하고

5. 매일 실행함으로써 습관화하는 것

이것이 목표 달성 프로세스이고 시스템이다. 이 시스템은 생명보험은 물론 학문, 음악, 스포츠, 영업, 경영 등 성장과 변화를 위한 많은 분야와 영역에 적용될 수 있다.

시스템을 통한 성실은 매일매일의 분석과 판단 그리고 결심의 과정 없이도 바로 성과에 직접적 영향을 미치는 행동을 가져오게 한다. 매번의 결심을 통한 성실은 사실보다는 느낌이 더 커서 결과적으로는 적은 일을 했지만 많은 일을 했다고 느끼게 한다. 우리는 무의식적으로 결심의 시간도 일이라고 느끼기 때문이다.

반대로, 시스템을 기반으로 일을 하게 되면 느낌보다는 사실이 큰 경향이 있다. 시스템을 통한 성실은 매일 결심의 과정 없이도 성과에 직접적인 영향을 미치는 행동을 가져오기 때문이다. 즉, 적게 일을 했다고 느끼지만 실제로는 더 많은 일을 하게 된다.

성공의 철칙

생명보험 영업에서 성공 철칙(鐵則)은 매일 세 명의 고객을 만나 진실한 상담을 하면 궁극적으로 성공한다는 것이다. 이것이 성공의 '골든룰'이다. 아주 간단하고 확실하다. 이렇게 3년 이상 한 사람들은 거의 모두 자신의 목표를 이루어 냈다. 이 사람들에게는 하루에 세 명의 고객을 지속적으로 만나는 것이 성공의 핵심이었다.

지점장 시절, 공군 장교 한 명을 채용, 교육, 육성한 경험이 있다. 그는 사회 경험이 전혀 없었기 때문에 지인이 많지 않았다. 교육 후 목표 작업에서 큰 목표 설정과 그것을 이루어 낼 수 있는 단기, 중기, 장기 계획, 연간, 분기별, 월별, 주별 그리고 일일 행동모델을 만들게 했다. 단순화된 행동모델은 성장에 있어서 매우 중요한 역할을 한다.

업무적 목표는 챔피언으로 정하고, 개인적으로도 큰 목표를 설정했다. 그것을 이루어 내기 위한 작업이 진행되었고 마침내 목표를 토대로 연간, 분기, 월간, 주간, 일일 계획을 수립했다. 단순화시킨 일일 활동 목표는 일반적인 평균보다 훨씬 높은 열 명의 고객을 만나는 것이었다.

그는 성공과 행복을 위한 하루의 목표를 열 명의 고객을 만나는 것으로 단순화했으며 이것을 '철칙'으로 설정했다. 이것은 목숨을 건 투신 즉, 몰입을 의미하며 그 길이 성공의 핵심이라 믿었고 그렇게 하기로 결심한 것이다. 그는 목표한 기간 내내 하루에 열 명의 고객을 만나는 철칙을 철저히 지켰고, 아무리 상황이 어려울지라도 상황과 타협하지 않고 자신의 철칙을 지켜나갔다. 처음에는 날마다 열 명을 만나는 일에 많은 어려움을 겪었지만 시간이 지나감에 따라 모든 상황을 하루에 열 명을 만나기 위한 최적의 조건으로 만들어가는 의식적, 무의식적 노력이 이루어졌다.

결과적으로 그는 3년 연속 챔피언을 달성할 수 있었고 자신이 목표로 하는 개인적 목표도 모두 달성했다. 간절히 원하는 목표는 우리의 신체적, 정신적, 영적 모든 에너지를 한곳으로 집중시켜 매일매일의 성실을 견인해 내는 동인이 된다. 이 하루하루 축적된 성실이 성공에 이르게 한다.

나는 그 경험을 통해 몇 가지 사실을 깨닫게 되었다. 다음 일곱 가지 사항을 참고하면 구체적인 목표를 설정하는 데 도움이 될 것이다.

1. 교육, 훈련 대상자들에게 아무런 방향제시 없이 목표를 적게 했더니 대부분 열 가지 미만이었다. 갖고 싶은 것, 되고 싶은 것, 하고 싶은 것 등 세 가지 카테고리로 분류하게 했더니 목표 설정이 구체화되고 세밀해져서 더 많은 목표를 설정할 수 있었다.

2. 달성 시점에서 조직원들 앞에서 발표하고 인정을 받게 했다. 인정과 공유의 힘은 주위 사람들에게 목표의 중요성을 일깨우고 자신의 목표를 이루어야 한다는 결심을 강화하는 데 매우 큰 영향을 주었다.

3. 크기와 상관없이 목표 달성은 흥미롭고 가치가 있으며 자신감을 더해주었다.

4. 목표 달성을 경험한 사람들은 목표를 달성할 확률이 더욱더 높
   아졌다. 목표 달성도 습관이다.

5. 이들은 집중적이고 지속적 성실을 만들어 내며 이것을 두려워
   하거나 힘들어하지 않았다. 상황에 목표를 맞추기보다는 목표
   에 상황을 맞추거나 변화시켰다.

6. 성공의 결과를 가져오는 프로세스를 단순화한 매일의 성실, 즉
   행동패턴이 목표 달성에 가장 큰 영향을 주었다. 이것은 시간
   보다는 축적된 성실의 양에 의해 결정되며, 축적되는 성실의
   양은 매일매일 행동의 양에 의해 결정되었다.

7. 매일의 성실은 실력의 축적, 자신감, 인격 형성, 가정을 포함한
   주위와의 관계개선 등 모든 분야에 영향을 주었다. 이것은 안
   정감으로 나타났다. 일주일 내, 한 달 내, 1년 내에 무엇을 하는
   지는 중요하지 않았다. 중요한 것은 오늘 무엇을 하느냐였다.
   이것이 인생을 결정하기 때문이다.

승부욕

성공하는 사람들은 승부욕이 발달된 사람들이다. 그들은 목적의
식에 대해 철두철미하다. 이것은 스포츠의 세계나 예술, 영업, 학문
어디에서나 공통적으로 나타나는 현상이다.

승부욕이란 어떤 목적과 목표를 반드시 이루어 내려는 욕구를 말
한다. 그 과정은 일에 가치를 부여하고, 목적 혹은 목표를 분명히 하

고, 끈질긴 집념과 의지로 그것을 달성해 내는 것이다. 승부욕의 대상은 크게는 인생의 성공과 행복, 작게는 오늘 정해놓은 목표를 달성하는 것이다. 가치 있는 일을 옳은 방식으로 해내려는 것에 기반을 둔 목표를 반드시 이루고자 하는 욕구, 바로 이 승부욕이 우리의 잠재적 역량을 극대화한다.

승부욕이라는 용어 자체를 싫어하는 사람도 있다. 승부욕을 불온한 경쟁이라고 생각하는 것이다. 하지만 그것은 선이 아니고 일종의 회피다. 우리가 하고자 하는 일이 옳고 가치 있는 일이며 누구에게나 도움이 되는 일이라고 믿는다면 망설일 필요가 없다. 분명한 목표의식 위에 승부욕을 불러일으키고 강화시켜야 한다. 그것은 성공을 위한 필수요소다.

성실의 원인 3. 책임감

성실을 지속적으로 유지하는 것은 쉬운 일이 아니다. 실제로 나는 일정 수준의 목표를 성취한 사람들이 그 뒤에 열의와 열정을 잃어버리는 경우를 많이 보아왔다. 오랜 시간을 들여 이루어온 성실의 습관을 일순간에 무너뜨리는 것을 지켜보는 것은 참으로 안타까운 일이다. 이것은 마치 여태까지 유지해 온 금연을 무너뜨리고 어느 날 아침 갑자기 담배를 피우는 것과 마찬가지다. 매일의 성실을 포기하고 불성실하거나 적당히 살아가는 쪽으로 선회한 것이다.

성공과 행복을 위해서는 지속적 성실의 축적이 필요함에도 불구하고 어느 순간, 일정 수준의 목표를 달성한 후 지속되지 못하면 그것은 우리의 지속적 성장을 방해하며 우리의 존재 목적인 잠재적 역량을 계발하여 자신 및 사회에 공헌하는 일의 중단으로 이어진다.

나는 이 같은 현상이 왜 일어나는지 궁금했다. 지속적인 관찰을 통해 나는 인생의 목적의식이 부족한 사람들에게서 이런 현상이 일어난다는 사실을 알게 되었다. 이런 사람들은 애초에 목표가 부분적인 결핍을 채우는 수준의 작은 목표였기에 어설픈 성공에 만족하며, 중기, 장기 목표에 대한 충분한 동의가 부족했던 것이다. 반면에 성실한 태도를 꾸준히 유지해 내는 사람들에게는 인생의 의미 있는 목적의식을 구성하는 '책임감'이라는 공통점이 있었다. 이 책임감이 위협, 목표와 더불어 성실을 견인해 내는 요인이 되는 것이다.

우리를 성실로 이끄는 책임의 대상은 매우 다양하지만 대체로 가족, 공동체 및 조직, 자신의 성장에 대한 책임감 등 세 가지로 나뉜다.

가족

가족에 대한 책임감은 우리 모두가 공통으로 느끼는 것이다. 가족은 부양과 교육, 그리고 행복을 책임질 대상이다. 자식을 향한 부모의 헌신과 희생은 그들을 실망시키지 않고 보답해야 한다는 강한 책임감을 갖게 한다. 그것은 진실한 성실의 원인이 된다. 또한 힘들고 지칠 때 그들의 헌신과 사랑을 되새기며 열심히 일하게 하는 힘이 된다.

두 사람이 만나 믿음과 사랑을 바탕으로 결혼을 하면 일생 동안 서로 사랑하고 행복하기 위해 노력하자는 굳은 결심과 다짐들 또한 강한 책임감으로 자리 잡게 되고 진실한 성실의 원인이 된다.

아이들 또한 행복의 근원이자 성장을 책임져야 하는 책임의 대상이다. 아이들이 재능을 발휘할 수 있는 환경을 만들어주고 싶은 것이 부모의 마음이며 책임이기도 하다. 이 책임감이 진실한 성실을 지속적으로 이끌어 내는 원인이 된다. 경험상 가족에게 보답하는 목표를 달성했을 때 만족도가 가장 높게 나타났다.

공동체 및 조직

나는 2년 정도 필리핀에서 특별 프로젝트를 수행한 적이 있다. 내 일은 사람들을 채용하고 그들을 유능한 매니저로 육성시켜 새로운 지점에 배치하는 것이었다. 채용 후 훈련 과정은 6개월이었는데, 그 과정 중 하나가 11주간 OJT(On The Job Training 영업 경험)를 하는 것이었다. 나는 세 개의 지점을 신설하고 그 중 한 지점은 매니저를 일곱 명이나 배치했다. 배치와 동시에 11주의 OJT를 시작했다. 목표는 11주간 전원 3W였다.

3W의 연속 진행은 성공의 습관을 위한 것이다. 경험으로 볼 때 3W의 진행은 통상적인 고비가 있다. 50주를 기준으로 하면 8주, 15주, 35주, 48주에 일반적으로 고비를 맞는다. 이 지점에서도 7주까

188

지는 전원 순조롭게 진행이 되었는데 8주차에 두 명이 고비를 맞았다. 일요일 오후 지점을 방문했다. 놀랍게도 목표를 달성한 다섯 명이 모두 나와 있었고 달성하지 못한 두 명은 현장에 나가 열심히 활동을 하고 있었다. 달성한 다섯 명은 계속해서 두 명에게 메신저를 통해 응원을 하고 있었다. "넌 해낼 수 있어!" "우린 널 믿어!" "우리는 한 팀이야!"

밤 10시 30분, 그 중 한 매니저가 땀범벅이 되어 사무실로 들어와서 목표 달성을 외쳤다. 그리고 12시가 다 되어서 마지막 매니저가 초췌하지만 반짝이는 눈으로 사무실로 들어와서 목표 달성을 알렸다. 모두 얼싸안고 울음을 터트렸다. 너나할 것 없이 격려와 축하의 메시지를 주고받는데 뜨거운 진심이 전해져 가슴이 벅차올랐다. 그들의 사례는 팀워크와 격려의 중요성은 물론 공동의 목표에 대한 책임감이 어떻게 성실을 견인해 내는지 말해주는 좋은 예다.

조직의 공동 목표에 대한 책임감은 '공동의 가치', '공동의 목표' 그리고 '성공을 중심으로 한 진심 어린 관계'에 의해 형성된다. 이 세 가지에 대한 노력은 성실을 견인해 내는 원인 중 하나인 책임감 형성에 필수적인 요소라 할 수 있다.

자신의 성장에 대한 책임감

완벽한 인간은 없다. 인간은 누구나, 항상 개선의 여지가 있고 성장의 다음 단계가 있다. 이미 일정 수준 이상 높은 단계의 성장을 이루었다 하더라고 더 성장할 수 있다. 다음 단계의 성장은 어떤 것인지 항상 자신에게 질문을 던지고 답을 찾는 과정에서 우리는 지속적인 성실을 만나게 된다. 이런 태도는 우리의 잠재적 역량을 극대화해 개인의 성공을 가장 높은 단계까지 끌어올릴 뿐 아니라 사회에 공헌할 수 있게 한다. 한 개인이 자신의 역량을 정확히 인지하지 못하거나 충분히 발휘하지 못하고 역량 계발을 중단하는 것은 개인적인 재능 낭비일 뿐 아니라 사회적으로도 손실이다.

성실의 원인 4. 사명감

나는 가끔 사람들에게 이런 질문을 하곤 한다.

마더 테레사는 1979년 노벨평화상을 수상했다. 그런데 수상 며칠 후 수상자 선정이 잘못되어서 수상을 취소한다고 한다면 마더 테레사는 어떤 반응을 보일까? 질문을 받은 사람들은 망설임 없이 똑같이 대답한다. 마더 테레사는 결정의 변경에 대해 전혀 개의치 않고 평소에 해왔던 것처럼 봉사활동을 계속할 것이라고 입을 맞춘 듯 얘기한다. 그 이유는 그분에게 있어서 사랑을 전파하는 봉사활동은 누구에게 보여주기 위함도 아니고, 어떤 상을 목적으로 한 것도 아니고, 다만 신께서 자신을 이 세상에 보낸 이유 즉, 소명으로 받아들인 것이기 때문이다.

이렇게 자신이 하는 일을 소명으로 받아들여 사명감을 갖게 되면 누구의 감시나 통제 그리고 격려나 비난에 대한 의식은 없어지고 오로지 신의 부름에 따라 진실한 성실과 완성도를 지속적으로 추구하게 된다. 이것은 인생의 목적의식에 해당한다. 성공하는 사람들은 이 인생의 목적의식을 분명히 한 사람들이다.

밤 12시가 가까운 시간에 신성호 회장의 전화를 받을 때가 종종 있다. 가정방문 보험 상담과 청약을 마치고 집에 가는 길에 우리 집 앞을 지나다가 생각이 나서 전화를 한 것이다. 내가 이제는 그렇게 늦게까지 일을 하지 않아도 되는 경력 아닌가 물으면 그의 대답은 늘 한결같다. "오늘 저의 방문으로 한 가정의 두 아이가 미래를 보장 받았습니다. 이 일은 제가 이 세상에서 해야 할 아주 중요한 사명입니다." 신 회장은 "남편을 잃은 아내와 부모를 잃은 아이들에게 생활비를 지급하는 일보다 더 옳은 일이 어디 있는가"라는 생명보험의 기본 목적을 자신의 소명으로 받아들였으며 그것은 지금까지 지속적으로 그의 성실을 이끌어 내는 이유가 되고 있다. 이런 그의 태도는 언제나 나를 가슴 뛰게 한다.

생명보험업뿐만 아니라 모든 일에서 소명의식 즉, 목적의식은 성공과 실패, 평범과 비범을 결정하는 성실의 중요한 원인이 된다. 자신의 일을 소명으로 받아들인다는 것은 일생을 통해 그 일을 맡기신 분을 위하여 성실히 완성도 높게 완수할 것이라는 결심이기도 하다. 경험이나 과거의 역사는 똑같은 일이라도 그 업무를 소명으로 받아들인 사람과 그렇지 않은 사람의 성실이나 일의 완성도 면에서 엄청난 차이가 있음을 증명하고 있다.

자신이 맡은 일에 대해 소명의식을 갖는 것은 우리가 성실해야만
하는 이유를 스스로에게 설득하는 가장 강력한 힘이 된다. 이것은
우리의 잠재적 역량을 지속적 성실을 통해 계발해 내게 하며 개인적
성장과 성공은 물론 사회에도 공헌하게 한다. 이 사명감은 인생의
목적의식에 가장 높은 차원의 의식으로 볼 수 있다. 우리가 의미 있
는 일을 해낼 때 우리는 믿을 수 없을 만큼 거대한 에너지를 발휘할
수 있게 된다.

성공을 위해서는 지속된 성실의 축적이 필요하고 성공하는 사람
들의 패턴은 이 성실을 원인이 아닌 결과로 인식한다. 그들은 그 원
인에 대해 이해하고 그 원인들을 잘 조합해 냄으로써 지속적 성실을
축적해 나가는 성실을 다루는 전문가들이다. 그 성실의 원인으로는
위협, 목표, 책임감, 인생의 목적의식(사명감) 등이 있다. 성공하고 있
는 사람들은 확고한 인생의 목적의식을 바탕으로 성실의 원인인 위
협, 목표, 책임감, 사명감의 지혜로운 조합을 통해 강력하게 성실을
축적해 나가는 사람들이다.

효율 없이는 성공도 없다

노력 없는 성과는 위험하며, 성과 없는 노력은 무의미하다. 성실한 사람들이 모두 성공한다고 할 수는 없다. 하지만 성실하지 않은 사람이 성공하는 경우는 없다. 그렇다면 왜, 성실한 사람들이 성공하지 못하는 경우가 생기는 것일까.

우리는 주위에서 성실한 사람들이 성공하지 못하는 안타까운 경우를 종종 보게 된다. 그것은 성실이 결과를 견인해 내지 못하기 때문이며 이것은 노력에 대한 결과의 효율이 낮은 경우가 대부분이다. 노력에 비해 성과가 없는 경우다.

성공하는 사람들은 그 성실의 축적이 성과와 연결되는 효율을 가져오는 환경 전반에 걸친 주기적 리뷰 및 효율 개선 시스템을 갖고 있다. 성공하는 사람들이 갖고 있는 효율 개선 시스템이다.

다음은 내가 교육과 훈련을 담당했던 사람들 중 성공한 사람들이 공통으로 사용한 시스템이다.

1. 3개월간의 계량화된 성실의 양, 단계별 프로세스, 단계별 효율, 성과 등을 분석한다.
2. 당사자와 전체를 리뷰한다.
3. 조직의 평균 효율과 개인의 효율 지표를 비교, 분석한다.
4. 효율에 가장 크게 영향을 미칠 개선 항목을 정한다.
5. 개선을 위한 훈련 기간과 방법을 정한다.
6. 다음 리뷰 날짜를 정한다.
7. 다음 리뷰에서 개선 성과가 있으면 다음 개선 항목을 정하고 앞의 프로세스를 반복한다.

$$성과(Result) = 축적된\ 성실의\ 양(Activity) \times$$
$$효율(Efficiency)(일의\ 수행방법(Process) \times$$
$$재능(Talent))$$
$$R = A \times E(P \times T)$$

가장 안타까운 일은 정말 열심히 일하는 성실한 사람이 성과를 내지 못하는 경우다. 실제로 이런 경우가 적지 않다. 성실과 성공이 등식을 이루는 것은 아니라는 얘기다. 나는 그 원인에 대해 분석을 해왔다.

성과에 가장 큰 영향을 미치는 것은 성실의 축적임에는 틀림없다. 이 성실의 축적이 성과로 나타나기 위해서는 효율이라는 요소가 반드시 필요하다. 이 효율은 프로세스와 재능으로 구성되며, 이 효율은 성실 이후에 가치를 갖는다. 즉, 아무리 높은 타율을 갖고 있는 타자라도 타석에 들어설 수 없으면 타율이 무의미한 것과 마찬가지다. 타석을 확보하는 것이 가장 중요하다. 타율은 그 다음이다.

내가 만난 대부분의 사람이 성실보다는 효율에 더 많은 관심을 갖고 있었다. 이것은 노력에 비해 더 좋은 결과를 얻고 싶어 하는 인간의 속성이기도 하다. 그 속성은 위험하다. 그것은 현실에는 없는 것을 찾는 일이기 때문이다. 효율은 성실(행동)을 전제로 했을 때만 의미를 갖는다.

생명보험 분야도 마찬가지다. 얼마나, 어떻게 성실을 축적해 나가는지에 대한 노하우보다는 어떻게 사람들을 설득할 수 있는지에 대한 기술에 더 관심이 많다. 그러나 효율이나 기술이 부족해서 실패하는 경우는 그리 많지 않다. 문제는 오히려 성실하지 못해서 생긴다.

성실과 효율이 성공에 미치는 영향

각 분야에는 과거의 경험이나 분석에 의한 표준효율지표가 있다. 이것은 성실의 양이나 재능의 분석 등과 함께 그 일에 대한 성공 가능 여부를 진단하는 지표가 되며 개선을 위한 훈련의 방식이나 양을 정하는 기준이 된다. 생명보험 영업에도 표준효율지표가 있다. 300명 미만의 고객을 소유하고 있는 경우에는 10명을 만나면 3명을 청약하게 되며 이 30%가 표준효율지표가 된다. 고객수가 많아질수록 그 지표는 올라가 고객수가 1,000명 이상 되는 경우에는 약 80~90% 정도가 된다. 전체적인 생명보험의 청약 효율은 약 50% 정도 즉, 2명을 만나서 정확한 프로세스를 진행하면 1명을 청약하게 된다.

문제는 10명을 만났을 때 지속적으로 1명 미만의 청약이 이루어지거나 청약이 전혀 이루어지지 않을 경우, 더 나아가서 100명을 만났을 때도 성과가 없을 경우 이 사람은 실패하게 된다. 효율이 떨어지면 일에 대한 자신감을 잃게 되고 결국은 실패하게 된다. 성공은 용기와 믿음에 의한 결심에서 시작하여 성실과 효율을 통한 자신감을 확보하고 그것을 계속 유지해 내는 것이므로 일에 대한 자신감 확보 없이는 성공할 수 없다.

효율이 떨어지는 이유

효율 감소의 원인은 첫 번째, 프로세스가 없는 경우다. 새로운 일이나 영역, 역사가 없는 일의 영역에서 일어날 수 있는 현상이며 여기에는 빠른 시일 내에 효율을 극대화할 수 있는 프로세스를 만들어 내는 것이 관건이다. 이때는 분석과 경험의 축적 즉, 시간이 필요하다.

두 번째, 프로세스를 믿지 않거나 지키지 않는 경우다. 효율이 낮은 사람들에게서 가장 흔히 볼 수 있는 현상이다. 이 프로세스란 목적을 불특정 다수에게 적용하여 가장 효율적으로 성과를 이루게 할 과거의 경험과 분석의 총합이라고 할 수 있다. 이것을 다른 말로 '기본(Basic)'이라고 부른다. 효율이 떨어지는 경우 가장 먼저 체크해 보아야 할 것이 베이식 프로세스(Basic Process)를 지키고 있는지의 여부다. 골프 같은 운동에도 기본이 있는 것처럼, 생명보험에도 기본이 있다. 그 중 하나가 1장에서 살펴본 세일즈 프로세스 7단계다.

프로세스란 과거의 경험, 과학적 분석 등을 통하여 현재까지 나와 있는 방법 중 확률적으로 가장 효율적인 방법의 집합체라고 할 수 있다. 이 프로세스에 대한 믿음이 없으면 그 결과를 가져다주는 프로세스에 대한 반복을 게을리 하게 된다. 이 프로세스의 순서를 뒤바꾸거나 건너뛸 경우 엄청난 효율의 손해를 감수해야 한다. 거의 모든 분야가 마찬가지다. 공부나 일을 할 때 기초, 초급, 중급, 고급 단계로 나누어지는데, 이것은 효율적 목적 달성을 위한 것이다. 기초를 생략하고 중급으로 갈 수는 없다.

효율 감소의 세 번째 원인은 훈련이 충분히 되지 않는 경우다. 성공하는 사람들은 프로세스를 거치는 동안 그 단계가 자신을 성공으로 이끄는 과정이라는 사실을 굳게 믿는다. 때문에 그들은 각각의 단계를 숙달하는 데 집중하고 부단히 연습한다. 이때 연습이란 끝없는 반복을 뜻한다. 반복만큼 훌륭한 숙련법은 없다.

쇠붙이를 불에 달구어 두드려 단단하게 만드는 것을 단련(鍛鍊)이라고 한다. 천 번을 거듭해서 두드리는 것을 '단(鍛)'이라 하고 만 번을 두드리는 것을 '련(鍊)'이라 한다. 반복에 반복을 더할수록 얇고 강한 쇠를 만들 수 있는 것이다. 성공하는 사람들의 몸과 마음과 영혼에는 성공으로 가는 길을 자동화될 만큼 숙련시켜 낸 사람들이다. 그들은 열 번 반복해서 안 되면 백 번 반복하고, 백 번을 하고도 부족하면 천 번 반복한다.

프로세스에 대한 믿음이 있다 할지라도 충분한 연습이나 훈련이 되어 있지 않으면 효율을 낼 수가 없다. 효율이 떨어질 경우 그 프로세스에 대한 연습과 훈련을 강화해야 한다. 올바로 정리된 프로세스의 진행은 실전이나 연습이나 모두 훈련으로 간주될 수 있고 이것은 누적의 효율 증가를 가져온다.

효율이 효율을 낳는 마술

생명보험 영업에서 보통 세 명을 만나면 한 명을 청약하게 된다. 대부분 이 계약률에 수렴한다. 그렇다면 세 명의 계약을 위해서는 계산상 아홉 명을 만나야 하는데, 세 명의 계약을 위해서 일곱 명 혹은 여덟 명을 만나도 그 효율을 내는 경우가 많다. 그것은 일정기간 내에 더 많이 연습하거나 더 많은 프로세스를 진행했을 경우다. 자신도 모르는 사이에 감각이 더욱 강해져서 효율을 증대시키는 효과를 가져오는 것이다.

골프연습장에서도 맨 처음 친 공부터 잘 맞는 경우는 드물다. 일정량의 연습이 된 후부터 모든 감각과 근육이 적응되며 생각한 대로 잘 맞는 확률이 높아지게 된다. 이것이 효율의 증가, 즉 효율이 효율을 낳는 마술이다. 성공하는 상위 레벨에 있는 사람들은 이 비밀을 알고 있으며 이 기회를 절대 놓치지 않는다. 우리가 하는 일이 쉬워지는 것은 그 일 자체가 쉬워져서가 아니라 그 일을 수행하는 우리의 능력이 향상됐기 때문이다.

Summary

성공의 패턴 제3단계

실행

1. 긍정적 사고방식은 긍정적인 행동을 이끌고, 긍정적인 행동은 긍정적 결과를 낳는다. 이것이 바로 실행 단계의 기본이자 핵심이다.

2. 모든 게임에서 이길 수는 없다, 그러나 모든 게임에서 배울 수는 있다. 이것이 성공하는 사람들이 순간적 실패를 다루는 방식이다.

3. 원래 게으른 사람은 없다. 해야 하는 이유가 하고 싶지 않은 이유보다 약할 뿐이다.

4. 성실은 성공의 필수 요소다. 성실한 사람이 모두 다 성공할 수는 없지만 성실하지 않은 사람이 성공하는 경우는 없다. 성공한 사람들은 성공의 필수 요소인 성실을 잘 다루는 사람들이다.

5. 성실은 원인이 아닌 결과다. 성실의 원인으로는 위협, 목표, 책임감, 인생의 목적의식(사명감) 등이 있다. 성공하는 사람들은 이 네 가지를 종합적으로 활용하여 지속적 성실을 축적해 나간 사람들이다.

6. 성공을 위해서는 승부욕의 강화가 필요하고 이것은 끈기와 인내를 요한다. 승부의 대상은 자기 자신이 정해놓은 목표, 게임에서의 승

리, 일 혹은 예술, 기술의 높은 완성도, 더 나아가서는 인생의 목적 의식에 대한 승부를 포함한다.

7. 효율은 지속적 성실의 축적과 더불어 성공의 필수요소이며 자신감을 형성하는 포인트 중 하나다. 성공한 사람들은 효율 향상을 위한 정기적 분석과 리뷰 시스템을 운영하고 있다.

처음에 다진 마음이 기본이자 완성이다

양재동 내 사무실에는 "늘 처음처럼"이란 글을 새긴 나무 문패가 있다. 2000년 9월, 입사설명회 때 받은 감동과 감사의 마음을 잊지 않기 위해 만든 것이다.

만 16년이 지난 지금, 나는 보험재정업계의 최고 수준의 실적을 달성한 사람에게 주어지는 MDRT 자격을 한 번도 안 쉬고 매년 달성했다. 뿐만 아니라 15년 이상 MDRT를 유지한 회원에게 주어지는 Honor-Roll 회원이 되었고, 그중 7년은 MDRT 실적의 3배 이상을 달성한 사람에게 부여되는 COT(Court of the Table) 자격을 달성했다.

푸르덴셜생명에는 한 해 동안의 실적을 기준으로 한 사내 콘테스트를 벌여 입상하는 경우 국내외 관광지로 가족을 초청하여 시상식을 개최하는 멋진 문화가 있다. 나는 여기에 15년 동안 연속 입상하여 해마다 가족과 함께 시상식 여행을 할 기회를 갖게 되었다.

두 딸아이가 여섯 살, 한 살 때 이 일을 시작했는데, 별도의 휴가 일정을 따로 떼어내지 못하는 경우가 많아 늘 미안한 마음이었다. 나는 일 년 동안 기다리고 응원해준 가족들에게 대한 최소한의 배려

와 책임이 사내 콘테스트 입상이라고 생각하면서 하루하루 최선을
다해 달려왔다.

내가 영업의 길로 들어선 이후 나름대로 꾸준함을 보여줄 수 있
었던 것은 아마도 처음 생명보험 일을 시작할 때 다졌던 초심을 흔
들림 없이 지켜온 덕이 아닐까 싶다.

세일즈의 기초공사는 사람이다

초심은 무엇일까. 흔히들 긴장감이 떨어져 해이해지면 "Back to
the Basic!"을 슬로건으로 내걸고 심기일전을 도모한다. 그런데 애
초에 그 초심이 바로서지 않았다면 돌아갈 곳이 없다. 처음에 다진
마음의 기본이 없는데, 어디로 돌아간단 말인가?

베이식은 변화의 초기에 정해진다. 높은 빌딩을 지으려면 시간
이 걸리더라도 안전한 기초공사를 해야 한다. 아무리 높은 빌딩, 아
름다운 빌딩이라도 기초공사가 부실하면 불행한 최후를 맞이할 수
밖에 없다. 빌딩을 높이 올릴수록 기초공사의 중요성도 커진다.

세일즈도 마찬가지다. 기초가 탄탄하게 다져지지 않으면 절대
좋은 실적을 낼 수 없다. 잠깐은 편법도 통하고 임시방편도 먹힐 수
있지만 부실한 기초 위에서 장기간의 제대로 된 성과를 기대하기

는 어렵다.

세일즈의 대상은 사람이고, 사람을 상대하는 일의 기초공사는 고객의 숫자다. 나는 푸르덴셜에 입사할 때 '가망고객 200명'이라는 목표를 작성했다. 물론 200명을 채울만한 가망고객은 없었지만 보험의 본질에 깊게 공감하여 시작한 만큼 많은 사람들에게 보장을 전해야 한다는 믿음은 충분했다. 내가 열정적으로, 활발하게 활동할 수 있었던 것도 이런 믿음이 있었기 때문이다.

나는 날마다 가망고객을 4~8명 정도 만나는 것으로 계획하고 실천했다. 이 같은 결심을 매일, 매주 실천하다 보니 그 순간 바로 당장은 계약이 체결되지 않더라도 어느 날 때가 되면 고객으로 다시 만나게 되는 마법 같은 일을 수없이 경험했다.

"Back to the Basic!"은 아무에게나 통하는 슬로건이 아니다. 그것은 초석이 탄탄한 사람, 돌아갈 기본이 잘 닦여 있는 사람에게서만 힘을 발휘한다. 성공을 꿈꾼다면 부디 처음에 다진 마음이 기본이자 완성이라고 생각하고 하루하루 자기와의 약속을 지켜가며 성실하게 엮어가야 한다.

나는 입사 초기 최우수 신인상(Best Rookie)을 수상했다. 그때는 지금과 달리 판매 가능한 상품이 대부분 종신보험이었던 시절이라 한 건 한 건이 쉽지 않았기에 더욱 의미가 있었다. 이 시기가 내게는 새로운 직업의 탑을 쌓는 데 필요한 기초공사를 하는 기간이었다.

이 시기에 나는 매주 3건 이상의 계약을 하는 "3W=Success"라는 공식을 믿고 매주 3건 이상의 계약을 6년간 지속했다. 이후 잠시 멈추었던 3W를 3년 전부터 다시 시작하여 최근에는 3W 50주 9회(450주)를 달성했다. 초창기에 반복한 하루하루의 실천이 훈련이 되고 습관이 되어 지금까지 이어져 온 것이다.

가망고객을 만나고 나면 늦더라도 귀사해서 만남 내용을 정리하고, 낮에 통화가 어려운 가망고객들과 통화해서 약속을 추가로 잡고, 다음날의 오전 상담까지 준비한 뒤 나서면 어느덧 자정 가까운 시간이었다.

세상 모든 사람에게 똑같이 주어지는 24시간을 늘려서 쓰려면 일단 잠부터 줄여야 했다. 나의 수면시간을 4시간으로 줄였다. 이렇게 해서 확보한 서너 시간이 나의 하루를 27시간, 28시간으로 만들어 주었던 것이다.

오직 고객만 바라보는 몰입의 시간, 3년

몰입에 대한 나의 방법은 조금 독특한 면이 있었다. 대부분은 영업맨들은 고객과의 상담을 위해 고객이 관심을 가질만한 것들에 집중하고 투자한다. 골프를 좋아하는 고객을 만난다면 골프에 대해 이야기를 나누고, 고객과 함께 라운딩을 나가는 식이다.

하지만 나는 좀 달랐다. 나는 되도록 많은 고객을 만나는 영업방식을 따르고 있었기에 고객이 좋아하는 것보단 고객 자체에 집중했다.

헬퍼(Helper)로서 그들에게 어떤 도움을 줄 수 있을까를 늘 고민하고 이동하는 시간이나 사무실에서 업무를 볼 때나 심지어 잠자리에 누워 있는 시간까지 머릿속엔 언제나 고객 생각뿐이었다. 내 머릿속은 다른 정보를 넣을 여유나 공간이 전혀 없었다. 그러다 보니 자연스럽게 TV, 신문, 잡지 등을 거의 접하지 않은 채 3년여의 시간을 보냈다. 오직 고객만을 바라보는 시간이었다.

실제로 나는 상담 자체에만 몰입해 있었고, 내 하루 생활은 고객과 상담이 전부라 해도 과언이 아니었다. 이렇게 다른 어떤 것에도 눈 돌릴 틈 없이 달려온 하루하루가 성과로 축적된 것이다. 그리고 그것은 단단한 초석이 되어 지금의 나를 있게 했다. 그래서 나는 지금도 자신 있게 말할 수 있다.

"Back to the Basic!"

성공의 패턴 제4단계
유지

행동을 뿌리면 습관을 거두고, 습관을 뿌리면 성격을 거두고,
성격을 뿌리면 운명을 거둔다.

- G. D. 보드맨

성 공 이
자연스러워진 상태

성공은 단발적인 성과와는 다르다. 성공의 포인트는 꾸준한 성과가 유지되는 과정에 있다. 이는 마치 증기기관차가 달리기 시작했다고 해서 성공이 아닌 것과 마찬가지다. 기관차를 성공적으로 운행하기 위해서는 기차가 계속해서 철길을 달려야 한다. 승객들이 타고 내리고 안전하게 목적지까지 도달해야 비로소 성공이라고 할 수 있다.

성공의 패턴에서는 계기를 만나 결심을 하고 그 결심을 통해 촉발된 행동이 지속적으로 유지되는 것, 그것이 바로 성공이다. 이 실행이 반복되다 보면 습관이 형성되고 습관이 반복되면 습관을 넘어선 제2의 본능이 형성된다. 여기까지 이르면 성공은 마치 일상처럼 꾸준히 반복, 유지되는 일만 남게 된다. 시작은 어렵지만 일단 그 프로세스에 올라서게 되면 모든 것이 자연스럽게 흘러가게 되는 것이

다. 중요한 것은 속도감을 놓치지 않고 그 박자에 맞춰 호흡을 고르
는 것이다.

본능처럼 자연스럽게 유지되는 상태

성공하는 사람들의 공통점은 성공으로 가는 계기를 만났을 때 자
신과 그 일에 대한 믿음을 갖고 다가갔으며, 그 기회가 주는 감동을
자신의 것으로 만들기 위해 굳게 결심한다는 것이다. 그리고 그 결
심을 용기 있게 실행으로 옮긴다. 그리고는 강력한 의지와 반복을
통해 습관화한다. 이 습관이 몸에 배어 본능화되면 성공은 이제 일
상이 된다.

본능화란 더 이상 성실을 위한 이유나 판단, 결심이 필요 없이 일
상 속에서 자연스럽게 성실이 이루어지는 상태를 가리킨다. 모든 것
이 자연스러워진 상태 즉, 성공이 자연스러워진 상태다.

- 습관 : 반복된 의지와 실행을 배경으로 결심에 의해 자동적으로
  움직이게 된 상태
- 제2의 본능 : 습관의 무의식적 반복으로 결심의 과정 없이 행동
  이 이루어지는 상태

프리미어 리그의 톱클래스 선수들이 골을 넣는 장면을 보면 굉장
히 쉬워보인다. 위치만 잘 잡으면 툭 하고 가볍게 골을 만들어 낸다.

하지만 막상 해보면 아무나 할 수 있는 일이 아니다. 그들은 엄청난 노력과 성실, 그것의 습관화, 본능화에 이르렀기에 자연스럽고 가볍게 득점하는 경지에 오른 것이다. 어떤 일이건 경지에 오른 사람은 편해 보인다. 물이 흐르는 것처럼 거침이 없고, 소리가 널리 퍼져나가듯 매끄럽다. 어떤 일이건 경지에 오를수록 힘을 빼고 최고의 효율을 통해 목적을 달성하게 된다.

나는 성공한 세일즈맨에 대해 연구하면서 업계의 신화라 할 만한 분들을 여럿 만났다. 그들과 이야기를 나누는 과정에서 성공의 패턴을 보강하고 검증했다. 특히 내가 몸담고 있는 생명보험 업계의 세일즈맨 중에 고객 숫자가 1,000명이 넘는 사람도 많이 만났다.

고객이 1,000명 이상 된다는 것은 3,000명 이상 면담을 했다는 것을 의미한다. 이들은 하나같이 성실을 습관화하고 제2의 본능으로 만들어 낸 사람들이다. 이들이 성공하지 못할 확률은 거의 '0'에 가깝다.

그들에게는 왜 열심히 일을 해야 하는지 설명이 필요 없다. 우리가 하는 일이 어떤 의미가 있는지 설명하지 않아도 된다. 그들은 성공의 패턴으로 하루를, 일주일을, 한 달을, 1년을 최적화시켜 낸 사람들이다. 그리고 남들이 어렵다고 생각하는 경지를 무수한 반복을 통하여 자연스럽게, 두려움과 주저함 없이 행동으로 옮겨 내고 있는 사람들이다.

제 2 의 본 능 을
형성하는 골든타임

나는 성공의 패턴 마지막 단계인 '유지'의 핵심이라 할 수 있는 제 2의 본능을 만드는 '골든타임'을 발견했다. 이것은 성공한 거의 모든 세일즈맨에게서 나타나는 공통점이다. 그들은 바람직한 행동의 패턴을 만들기 위해서는 업무를 처음 시작할 때의 패턴과 타이밍이 매우 중요하다고 입을 모은다. 바로 초기 3개월의 패턴이다. 즉 초기 3개월을 어떻게 보내느냐에 따라 습관과 본능화의 여부가 결정된다는 것이다.

3일 그리고 3개월의 절대적인 힘

우리는 지금까지 3일의 힘을 이야기해 왔다. 이 72시간의 힘이 성공의 길로 접어들지, 아니면 성공과는 영 거리가 먼 길로 가게 될지를 결정한다. 내게 주어진 기회를 마음으로 받아들여 삶을 바꾸기로 결심했다면 72시간 안에 실행에 옮겨야 한다. 그리고 그것을 3개월 동안 꾸준히 반복해야 한다.

새로 시작 하는 일에 있어서 초기 3개월 안에 이루어지는 행동과 생각의 패턴은 전 기간에 걸쳐 그 일에 영향을 미친다. 대부분 좋은 습관과 제2의 본능을 형성해 낸 사람들의 공통점은 바람직한 방식으로 정해진 프로세스에 의해 초기 3개월에 극단적 성실을 이끌어 냈다는 것이다.

1. 일을 시작했다면 첫날이 가장 중요하다.
2. 첫날이 지났다면 첫 주가 가장 중요하다.
3. 첫 주가 지났다면 첫 달이 가장 중요하다.
4. 첫 달이 지났다면 초기 3개월이 가장 중요하다.
5. 초기 3개월이 지났다면 그 이후는 비슷하다.

첫 날, 첫 주, 첫 달 그리고 초기 3개월은 자신의 몸과 마음에 그 일에 대한 개념을 심고, 신념을 강화하며, 집념을 불어넣는 결정적 시기다. 이때 자신의 몸과 마음의 습관을 완전히 바꿔놓을 수만 있다면 이후 3년은 성실과 반복으로 성공에 바짝 접근하게 된다.

이것은 심리학에서 '초두효과'라고 하는 개념과 비슷하다. 초두효과란 처음 입력된 정보가 나중에 습득하는 정보보다 더 강력한 영향력을 발휘하는 것을 가리킨다. 사람과의 만남에서 첫인상이 중요한 것도 이 초두효과 때문이다.

심리학자이며 뇌 과학자인 폴 왈렌 박사는 뇌의 편도체가 0.017 초라는 짧은 순간에 상대방에 대한 호감과 신뢰 여부를 판단한다는 것을 밝혀냈다. 물론 시간이 흐르고 서로에 대한 경험이 쌓인 뒤 첫인상이 바뀌는 경우도 있지만 두 사람의 관계에 첫인상이 미치는 영향은 쉽게 사라지지 않는다. 이것은 처음 입력된 정보는 중간에 입력된 정보에 비해 순행간섭과 역행간섭의 영향을 덜 받기 때문이라고 한다.

물론 이 결정적 시기를 놓친다고 해서 아주 기회가 없는 것은 아니다. 다만 시간과 노력이 많이 소모된다. 초기 3개월 내에 극단적 성실이나 옳은 프로세스를 경험하지 못하면 3개월 후 그 단계로 가기 위해서는 몇 배의 노력이 필요하다. 이 시기 이후에 같은 결과를 내기 위해서는 이미 세팅된 성실의 정도, 프로세스 등을 뒤엎어 더 높은 수준으로 끌어올려야 한다는 것을 무의적으로 자신에게 계속해서 설득해야 하기 때문이다.

지 속 가 능 한
성 공 을 위 해

성공은 실력에 의해 이루어진다. 그러나 성공의 유지는 인격에 의해 이루어진다. 이 세상에 태어난 이유가 나 한 사람의 행복과 성공이라면 나의 삶이 무슨 의미가 있겠는가. 내가 만난 성공을 유지하는 사람들의 패턴은 나눔이었다. 이들은 동료들과 더불어 성장하고 본인들의 성공의 방식을 나누어 주위 사람들의 성공을 돕고 고객들의 문제를 해결하고 도와주는 숭고한 나눔의 정신을 갖고 있는 사람들이다.

성공의 진정한 의미를 찾은 사람들

바쁜 시간을 쪼개 시한부 인생을 선고받은 아이의 소원을 들어주는 사람들, 자신의 경제지식을 다음 세대에게 나누어주는 사람들, 청소년들의 자원봉사를 돕는 사람들, 후배들을 위해 생명보험의 가치와 노하우를 공유해주는 MDRT 멘토들, 1년에 몇 달씩 자기 시간을 할애하여 공동의 선을 위해 MDRT에 봉사하는 사람들, 성공을 나누어야 더 큰 성공을 할 수 있다는 믿음의 전도사들……. 이렇게 삶과 일의 균형을 통하여 인생을 가치 있고 행복하게 만들어가는 사람들이야말로 성공의 진정한 의미를 찾은 사람들이다. 이런 사람들 앞에 서면 저절로 존경과 경외심을 갖게 된다. 이것은 경제력이 가져다주지 못하는 충만한 삶을 가져다주는 인생의 궁극적 목적이라고 할 수 있다.

삶의 가치를 실현하는 위대한 성공

나눔과 공헌은 좋은(Good) 성공과 위대한(Great) 성공을 구분하는 요소가 된다. 성공의 의미를 개인의 성공에서 끝내는 것이 아니라 유의미한 삶으로 끌어올려 보다 위대한 가치를 실현하는 삶을 사는 것이 성공한 사람들의 종착역이다. 이 종착역에 이르러 비로소 성공은 완성된다.

여기서 기억해야 할 중요한 포인트는 그들이 성공을 유지하기 위해서 공헌하는 것이 아니라 공헌하기 때문에 그들의 성공이 유지되고 있다는 것이다. 목적의식을 바탕으로 생각을 분명히 하는 것, 그 토대 위에 매일의 위대한 활동을 지속해 나가는 것, 그것을 바탕으로 삶과 일의 균형을 갖는 것, 이것이 성공을 이루고 그것을 유지해 나가는 사람들의 공통점이다.

Summary

성공의 패턴 제4단계

유지

1. 지속적 성공을 유지해 내는 사람들의 공통점은 성공의 사고와 행동을 습관화하고 습관을 본능의 단계로 이끌었다는 것이다.

2. 좋은 습관과 제2의 본능을 형성해 낸 사람들의 공통점은 바람직한 방식으로 정해진 프로세스에 의해 초기 3개월에 극단적 성실을 이끌어 냈다는 것이다.

3. 초기 3개월은 성공의 패턴을 본능화할 수 있는 '골든타임'이다. 이 시기를 놓치게 되면 성공의 패턴을 습관화할 수는 있지만 본능화하기는 어렵다.

4. 습관은 무너질 가능성이 있는 의식의 영역이지만 본능은 무너지지 않는 무의식의 영역이다.

5. 지속적 성공을 유지해 내는 사람들은 목적의식을 바탕으로 생각을 분명히 하고 나눔과 공헌에 대하여 이해하고 실천하는 사람들이다. 공헌은 좋은 성공과 위대한 성공을 구별하는 요소다.

남을 도우러 갔다가 내가 도움을 받는다

해마다 9월이면 전국중고생자원봉사대회가 열린다. 작년으로 18회를 맞은 이 대회는 푸르덴셜생명이 후원하는 전국 규모의 행사로, 나는 해마다 전국에 있는 중고등학교 중 한두 곳을 찾아가 봉사담당교사를 만나 자원봉사를 실천하는 학생들을 추천받는다. 매년 1천여 건, 3천여 명의 학생이 응모하여 280여 건, 1천여 명이 수상하게 되는데, 나는 이들의 수상 소감들을 듣고 싶어서 10여 번의 시상식에 참석했다.

시상식에서 학생들의 수상 소감을 들으면 대견한 마음과 부끄러움이 겹쳐 울컥할 때가 많다. 그중에서도 매년 공통적으로 나오는 말이 있다. 그것은 "도움을 주겠다고 봉사하러 갔다가 꾸준히 봉사하다 보면 결국은 나 자신이 도움을 받고 있는 것을 깨닫게 된다"는 것이다. 이런 깨달음을 청소년기에 갖는다는 것만으로도 이 학생들은 돈으로 살 수 없는 큰 가치를 가슴에 품게 된다.

직업을 봉사라는 이름으로 수행할 수 있다면

우리는 늘 보이는 것과 보이지 않은 것을 두고 고민하며 살고 있다. 같은 보이는 것끼리, 아니면 보이지 않은 것끼리의 사이에선 우선순위를 고민하게 된다. 지난 17년간의 활동을 통해 얻은 깨달음 중 하나는 물질과 명예는 바라보고 갈 대상이 아니라 저절로 따라올 때 의미가 있다는 것이다. 같은 상담을 하면서 '이번 상담은 내게 얼마의 소득을 보장해 줄까' 하는 생각을 하는 상담사와 고객의 입장에서 고객의 이익에만 집중하는 상담사 사이에는 어떤 차이가 있을까? 그들의 소득은? 삶은? 자신의 삶에 대한 평가는 어떻게 달라질까?

나도 욕심 많은 인간인지라 나의 소득을 전혀 의식하지 않을 순 없지만 가능한 한 눈길은 고객에게만 집중하려고 다짐 또 다짐한다. 만일 고객 뒤에 있는 숫자에 관심을 가지고 상담에 임한다면 스스로에 대한 자존감과 자신감이 떨어져 상담력이 떨어지고 계약률은 내려가게 된다. 단기적으론 계약률이 올라갈 수 있을지는 모르지만 장기적으로 자신을 숨길 수 없기에 스스로 힘들어진다.

봉사라는 이름으로, 소명이라는 확신으로 자신의 직업을 수행할 수 있다면 그것처럼 행복한 인생이 또 있을까. 가끔은 내가 하는 일에 소득이 없다면 어떨까 자문을 해본다. 내가 하는 일에서 소득이 나오지 않아도 계속해서 고객에게 보장을 전달하는 일을 한다면 그것을 진정한 봉사라고 할 수 있을 것이다.

멘토링 통해 함께 성장하는 계기 마련

2010년 6월에 개봉된 영화 〈포화 속으로〉는 1950년 8월, 북한군의 진격을 맞아 UN군 참전 때까지 낙동강전선을 사수해야 하는 71명의 학도병들의 실화를 중심으로 만들어진 영화다. 영화가 상영되는 도중 학도병들이 하나씩 전사하는 장면이 나오는데 그 순간 푸르덴셜을 선택했다가 얼마 안 돼서 회사를 떠나는 후배들이 떠올랐던건 왜일까?

당시 보험업계 전체 1년 정착율(입사 후 1년 되는 때까지 근무하는 비율)이 50%가 채 안 되는 시기였다. 그럼에도 푸르덴셜은 정착률이 다른 회사에 비해 높은 편이었으나 한 가정의 경제를 책임지고 있는가장이 큰 꿈을 안고 직장을 옮겼는데 뿌리도 내리지 못하고 1년이안 되어 또 다른 직장을 알아봐야 하는 현실이 너무도 안타까웠다.

그들이 회사를 떠날 수밖에 없는 가장 큰 이유는 전화 걸 곳이 없다는 데 있었다. 영업맨이 전화 걸 곳이 없으면 사무실에 앉아 있어도 가시방석이고 거리로 나가도 정처 없는 유랑객이다. 이런 마음을초기 3개월 안에 극복하지 못하면 시간이 흐를수록 눈빛은 총기를 잃어가고 입에서 나오는 말은 발음이 새는 현상이 일어난다. 이렇게 자신감을 잃어가다 보면 결국 고객을 만나도 첫 대면 3초 안에 결정되는 첫인상부터 흐려지고 만다.

이때 내가 마음먹은 것이 '태도'만 준비되어 있다면 이들에게 전화할 고객을 제공하자는 것이었다. 나는 그동안 MDRT에서 배워 온 가르침을 되새겨 '멘토링'이라는 프로그램을 시작했다. 내가 갖고 있는 가망고객 리스트를 후배들에게 제공하고, 그들이 보다 적극적으로 자신의 밭을 일구어 갈 수 있게 지원했다. 또한 회사에도 같은 방식의 멘토링 제도를 건의하여 많은 동료들이 참여할 수 있도록 독려했다.

지금은 한국MDRT협회를 통해서도 멘토링 프로그램이 진행되고 있다. 최근 들어 더 많은 보험사들이 이 제도를 도입하고 확산시키려 애쓰고 있으니 장차 한국 보험업계도 크게 달라지지 않을까 기대하고 있다.

고객에게 보장을 전달하는 것은 대를 이어가면서 가문을 지켜주는 보람된 직업이다. 직업적 역량을 훌륭하게 발휘할 수 있다면 그 자체만으로도 충분히 봉사가 되는 일이다. 고객과 그의 가족들이 아파할 때 보험금을 들고 찾아가 위로할 때 돌아오는 감사는 이루 말할 수 없이 소중하다. 그와 같은 일이 일상이 되고, 고객과의 사이에 묵직한 신뢰가 쌓이고, 은퇴 개념 없이 평생 고객과 함께할 수 있다면 나의 인생도 멋지게 마무리되지 않을까. 내게 성공이란 바로 그런 것이다. 평생을 함께할 수 있는 사람들, 그들을 돕고자 하는 나의 마음, 그것만으로도 우리가 사는 세상이 더욱 아름다워지지 않을까 생각해 본다.

나를 위대하게 바꾸는

72시간

초판 1쇄 발행 2017년 1월 17일
지은이 정명원 · 신성호   펴낸이 김영범

펴낸곳 (주)북새통 · 토트출판사
주소 서울시 마포구 방울내로7길 45 (우)03955 **대표전화** 02-338-0117 **팩스** 02-338-7160
출판등록 2009년 3월 19일 제 315-2009-000018호 이메일 thothbook@naver.com

© 정명원 · 신성호, 2017

ISBN 979-11-87444-05-3 13190

잘못된 책은 구입한 서점에서 교환해 드립니다.